Temi
300

Federico Niglia
Beda Romano
Flavio Valeri

Italia e Germania

L'intesa necessaria (per l'Europa)

Bollati Boringhieri

Prima edizione marzo 2021

Torino, corso Vittorio Emanuele II, 86
Gruppo editoriale Mauri Spagnol
ISBN 978-88-339-3647-5

www.bollatiboringhieri.it

Stampato in Italia dalla Rotolito S.p.A., Seggiano di Pioltello (Mi)

Anno				Edizione						
2024	2023	2022	2021	1	2	3	4	5	6	7

Indice

Premessa

Le relazioni tra paesi possono essere sorprendentemente emotive.

L'Italia e la Germania non fanno eccezione. Ai tedeschi gli italiani rimproverano di essere rigidi, miopi, egoisti e anche prevaricatori. In Germania, l'opinione pubblica tende a volte a descrivere l'Italia come un paese inaffidabile e irriformabile, opportunista e sleale.

Malgrado questi stereotipi, e provando per un momento a isolarci dal brusio quotidiano, vediamo come tra questi paesi vi sia una straordinaria simbiosi economica, sorprendenti vincoli culturali e anche politici. La relazione italotedesca è un insolito paradosso. I due paesi si comportano come quelle coppie che a cena bisticciano e si punzecchiano, quasi fossero sull'orlo del divorzio, ma che una volta salutati gli ospiti abbandonano il palcoscenico e tornano a una convivenza pragmatica e produttiva.

Gli autori di questo libro hanno tutti e tre per motivi professionali e personali vissuto la Germania. Le loro carriere sono state segnate dall'incontro con una società, una lingua e una cultura che li ha sfidati, messi alla prova, e soprattutto completati. Da qui l'idea di capire se anche per l'Italia il contatto con il mondo tedesco possa risultare benefico.

Questo volume ha tre obiettivi. Prima di tutto vuole offrire uno spaccato originale del rapporto italotedesco, smentendo molti pregiudizi. È anche un vademecum per gli italiani che intendono coltivare una relazione più costruttiva con il mondo tedesco. Infine, propone una riflessione sui nuovi luoghi di dialogo e di confronto tra due paesi i cui legami, in fondo, sono più antichi di quelli tra la Germania e la Francia.

Il momento è cruciale. L'epidemia virale che ha colpito il mondo nel 2020 sta scombussolando come non mai la stabilità politica, gli equilibri sociali, le priorità economiche; e impone a tutti – dai governi nazionali al singolo cittadino – una riflessione su dove siamo e dove vogliamo andare. Chi scrive è convinto che l'Italia debba rilanciare la relazione con la Germania, per il bene dei due paesi e del progetto europeo.

Flavio Valeri ha curato il capitolo sull'economia, Federico Niglia quello sulla storia e i rapporti politici e Beda Romano quello sull'indagine culturale.

F.N., B.R. e F.V.

Italia e Germania

1.

I rapporti economici italotedeschi: percezione e realtà

Il ruolo del germanesimo economico: la percezione italiana

Se si guarda alle relazioni tra Italia e Germania da una prospettiva economica non si può che prendere atto dell'esistenza di una relazione speciale basata su un interscambio economico record, collaborazioni nel settore manifatturiero, investimenti diretti, eccellenza nella logistica e su un'integrazione finanziaria che affonda le sue radici nella storia profonda dei due paesi. Per poter affrontare nel concreto l'argomento è però necessario tenere presente l'esistenza di una serie di pregiudizi che condizionano anche la percezione dei rapporti economici italotedeschi. Sin dall'unificazione della Germania esiste un filone di pensiero che sbandiera il mito del germanesimo economico: si va da Francesco Ferrara, autore nel 1874 di un famoso pamphlet sull'argomento, ai nazionalisti della prima guerra mondiale. È un'idea che poi attraversa il fascismo e approda al secondo dopoguerra, sovrapponendosi e mischiandosi alle contrapposizioni degli anni della guerra fredda.

In linea di continuità con il grande lavoro svolto da De Gasperi e Adenauer, sul quale si tornerà in seguito, a partire dagli anni sessanta si registrano i primi rilevanti sviluppi della CEE (Comunità Economica Europea) nel campo delle politiche monetarie e, più in generale, delle politiche macroeconomiche. Si delinea però, proprio in questo periodo, un rapporto ambivalente che ha al suo centro le istituzioni comunitarie. Da un lato vi è una prima fondamentale presa d'atto positiva della necessità di individuare un punto di convergenza tra le diverse economie della CEE. Seppur nel quadro di negoziati non sempre facili si inizia a discutere di criteri e di politiche valide per tutti gli stati membri. Dall'altro però si assiste a una diffusione dell'euroscetticismo che si alimenta proprio del timore della centralità economica tedesca.

Gli anni novanta avrebbero riaffermato la centralità della CEE come luogo di contatto e confronto tra Italia e Germania. A Maastricht giunge a compimento il percorso di codificazione dei parametri e delle regole sulle quali costruire l'Unione economica e monetaria. Grazie allo sforzo di Carlo Azeglio Ciampi l'Italia riesce a salire sul treno dell'euro sebbene non rispetti pienamente i parametri stabiliti. In quella circostanza si registra il forte sostegno della Germania, conscia dell'imprescindibilità dell'Italia nella costruzione europea.

La nascita dell'euro, che vede Italia e Germania ancora una volta affiancate, è dunque un successo politico oltre che economico. Il nuovo millennio segna però il momento in cui le due economie iniziano a divergere: il sistema basato sull'euro presenta infatti una serie di rigidità, peraltro accentuate dalle regole del Patto di stabilità e crescita. L'Italia, oramai privata della possibilità di effettuare svalutazioni competitive, vede aumentare la distanza che la separa dall'economia tedesca. La crisi economica e finanziaria del 2008, che ebbe ricadute ben più pesanti in Italia che in Germania, avrebbe poi accresciuto sia la realtà che la percezione della divergenza tra i due paesi, dando nuovo slancio a quel filone critico di una UE «a trazione tedesca».

Nel contesto odierno rimane la sensazione che vi sia un riflesso condizionato di sospetto verso il ruolo dell'economia tedesca che attraversa in modo molto trasversale e silenzioso sia l'opinione pubblica più generalista sia il mondo degli esperti. Non si ha certo la pretesa in questa sede di confutare tale sentimento, ma piuttosto di fornire una narrazione un po' diversa.

La realtà dei numeri commerciali

Senza bisogno di entrare in complesse analisi sull'interscambio commerciale, basta prendere il discorso che il presidente della Repubblica Italiana, Sergio Mattarella, ha tenuto in occasione dell'incontro a Milano con il suo omologo tedesco, Frank-Walter Steinmeier, il 17 settembre 2020: la Germania è stata, nel 2019, il primo fornitore e il primo cliente dell'Italia. Questa è stata, da parte sua, il sesto cliente e fornitore della Germania: si può dire che la Germania rappresenta, per l'Italia, il primo partner commerciale. Nel discorso di Mattarella questa constatazione si è accompagnata a una serie di riflessioni sull'importanza della convergenza tra Italia e Germania sui grandi temi dell'integrazione europea e sul ruolo che l'UE dovrebbe avere nella gestione di una congiuntura così complessa.

A voler essere precisi si può dire che l'interscambio per l'anno 2019 è stato di 127,7 miliardi di euro. Il dato, di per sé, può non dire molto, ma basti pensare che questo valore è pari alla somma dell'interscambio dell'Italia con Francia e Spagna combinati e, ancora più rilevante, è superiore all'interscambio che il nostro paese ha con Stati Uniti e Cina combinati. Veniamo ora a un'analisi delle caratteristiche di questo interscambio: l'Italia esporta in Germania per un valore di circa 60 miliardi di euro, mentre importa dalla Germania per circa 70 miliardi. Questo per dire che i flussi commerciali sono bilanciati e che, di conseguenza, non vi è alcuna «invasione unilaterale» di merci tedesche in Italia.

È utile conoscere la distribuzione territoriale dell'interscambio italotedesco, che si presenta molto concentrato in alcune regioni: Lombardia, Veneto ed Emilia Romagna e Baden-Württemberg (la regione tedesca con maggiore spesa in ricerca e sviluppo rispetto al PIL), Baviera e Renania. Il dato commerciale è dunque il riflesso della creazione di una zona di scambio tra il sud della Germania e il nord dell'Italia che produce un valore notevole. Anche in questo caso una comparazione può essere utile: la partnership commerciale della Germania con la Lombardia è superiore a quella con la Corea del Sud, mentre la partnership commerciale dell'Italia con il Baden-Württemberg è superiore agli scambi con l'intera Russia.

Venendo ai settori di riferimento dell'interscambio, le principali elaborazioni (analisi di Assolombarda, Confindustria Emilia Romagna, Intesa San Paolo) confermano la stabile centralità dei seguenti settori: meccanico, chimico/farmaceutico, elettrotecnica, alimentare, retailing. Questo ci permette di comprendere facilmente che l'interconnessione è di natura produttiva, con un focus sulla manifattura specializzata, a conferma della definizione di Germania e Italia come le due principali «manifatture d'Europa». Gli stessi settori sono quelli che attraggono la quasi totalità degli investimenti diretti tra i due paesi: sono circa 2000 le imprese a controllo tedesco in Italia, con 168 000 addetti e più di 75 miliardi di euro di fatturato. Similmente, sono circa 1600 le imprese italiane in Germania con 140 000 addetti e 65 miliardi di fatturato. Si tratta di un dato di prima grandezza, che peraltro non tiene conto dei numeri relativi al settore finanziario e assicurativo di cui si dirà in seguito.

L'analisi dell'evoluzione temporale degli investimenti diretti mostra invece una diversità tra quelli in ingresso in Italia e quelli in ingresso in Germania. Gli investimenti italiani in Germania sono stati caratterizzati da una certa discontinuità nel tempo: il primo investimento manifatturiero rilevante in Germania a partire dal dopoguerra fu realizzato dalla Ferrero, che nel 1957 inaugurò la fabbrica di Stadtallendorf in Assia. Da allora, e per i tre decenni successivi, la presenza italiana in Germania ha avuto uno sviluppo assai lento, riprendendo ad accelerare alla fine degli anni ottanta grazie a importanti acquisizioni di medie aziende italiane. Un ulteriore balzo in avanti si è avuto, superato il tornante delle svalutazioni dei primi anni novanta, ad opera delle piccole imprese. In definitiva, la presenza italiana può definirsi rilevante solo da circa venticinque anni, con uno sviluppo legato principalmente alle acquisizioni.

Dal lato tedesco invece la storia è più antica, e persino più interessante e indicativa della profondità di questo rapporto. Particolarmente emblematico è il caso dell'Emilia Romagna. Uno studio realizzato dalla Camera di Commercio Italo-Germanica in collaborazione con l'Università di Parma ha concluso che «sebbene solo per un'azienda su quattro l'Italia sia tra le prime tre scelte di investimento all'estero, l'investimento nella regione Emilia Romagna è stato il primo nella penisola per il 90% dei casi». Inoltre, in contrasto con le tendenze a livello globale, l'Emilia Romagna si presenta come mercato di attrazione per investimenti *greenfield* (che creano cioè ex novo un'attività produttiva) piuttosto che per acquisizioni di aziende già presenti sul territorio, con un trend che, ben lungi dall'essere nuovo, esiste da oltre cinquant'anni. La predilezione per gli investimenti *greenfield* rispetto all'acquisizione è indicativa di una conoscenza dettagliata del territorio e del rispetto delle dinamiche locali. Questo perché il flusso di investimenti tedeschi in Italia è il dato più indicativo di un rapporto caratterizzato da profondità storica e comprensione reciproca, nonché dalla condivisione di prassi organizzative e processi.

Nell'attuale contesto economico internazionale un fenomeno in crescita è quello del *reshoring*, la tendenza cioè a riportare nei nostri paesi produzioni che erano state delocalizzate. Il fenomeno assume contorni e caratteristiche diverse da paese a paese: negli Stati Uniti, dove più frequentemente tale processo si verifica, il *reshoring* scaturisce dalla combinazione di incentivi economici (ad esempio il basso costo dell'energia) e di scelte politiche che mirano a tutelare sia il lavoro sia il primato tecnologico della potenza mondiale. Per Germania e Italia il discorso è in parte diverso e in entrambi i paesi una ragione decisiva che ha spinto verso la rilocalizzazione è stata la necessità di tutelare la qualità della produzione. È interessante notare che il processo di rilocalizzazione non ha portato Italia e Germania a un semplice «rimpatrio» delle produzioni, bensì a una loro distribuzione su quella macroregione di interconnessione produttiva che abbiamo presentato. In questo contesto, c'è da attendersi che i grandi investimenti dei due paesi nei programmi di Industria 4.0 contribuiranno a rafforzare questa tendenza con una serie di *spillover* positivi anche in altri ambiti, come ad esempio quello della formazione tecnica.

Ma veniamo ora alla rappresentazione e alla tutela di questi interessi economici, sulla cui importanza speriamo di aver fornito dati sufficienti. Esiste una rete istituzionale, valida e molto ben funzionante, che ruota attorno alle ambasciate a Berlino e a Roma e ha un «braccio operativo» nelle rispettive Camere di Commercio e nelle due Associazioni Industriali – la BDI e Confindustria – che collaborano fattivamente e si incontrano per il tradizionale summit annuale di Bolzano. Ciononostante, stupisce molto che questo patrimonio comune venga assai raramente citato nel dibattito pubblico quando si parla di rapporti italotedeschi e, cosa ancor più sorprendente, che le forze politiche nazionali (in particolare quelle italiane) ne tengano esplicitamente conto in misura limitata nel formulare la loro posizione politica.

Una prima risposta a questa contraddizione, solo apparentemente provocatoria, è che questi interessi non hanno bisogno di essere difesi, quanto meno dalla politica, e non richiedono necessariamente un dibattito pubblico. Guardando più attentamente ai macrosettori denominati «4A» (abbigliamento, alimentare, arredamento, automotive), si vede come si tratti di ambiti molto diversi per struttura, definizione e tutela degli interessi, accomunati tuttavia dall'essere realtà meno dipendenti di altre dalla politica, intesa come governo e sistema di partiti rappresentati in parlamento. Non che queste aziende non abbiano la necessità di supportare i loro interessi: si tratta però di un'attività di *advocacy* che non determina automaticamente grandi opzioni pubbliche. Va inoltre tenuto presente che si tratta di settori la cui regolamentazione passa ormai sempre meno dai parlamenti nazionali ed è invece sempre più delegata all'Unione Europea. Questo è particolarmente evidente, ad esempio, per il comparto automobilistico, per il quale l'europeizzazione è da decenni un dato acquisito e che dispone di una capacità di *advocacy* molto forte verso le istituzioni comunitarie, percepite come le vere produttrici di norme rilevanti per il settore. Ma per un settore globalizzato come quello dell'automotive, che genera annualmente un surplus di esportazioni per l'UE per un totale di 90 miliardi di euro, l'Unione Europea non è solo il soggetto che, attraverso il mercato comune, rende possibile la generazione di una catena produttiva interna particolarmente efficiente. L'UE, con la sua competenza esclusiva in materia commerciale, definisce infatti il quadro all'interno del quale si strutturano reti produttive globali come quelle del settore automobilistico. Vi è poi la crescente rilevanza della legislazione europea in materia ambientale, che diviene evidente se si guarda agli investimenti in attività di promozione degli interessi che alcuni grandi produttori (Daimler, BMW, Volkswagen) fanno su Bruxelles. In questo senso il cosiddetto Dieselgate ha fatto comprendere alla più vasta opinione pubblica europea la diversità di prospettiva di questi settori.

Il discorso vale, *mutatis mutandis*, anche per altri settori, in particolare per quello alimentare. L'influenza dell'Unione Europea in questo ambito si fa sentire sin dall'avvio del processo di integrazione europea, con la Politica Agricola Comune, quella famigerata PAC che ha in diverse occasioni avvelenato i rapporti tra partner comunitari. Più di recente, il discorso sulla sostenibilità da un lato e, dall'altro, quello sulla promozione di una *European way of life* (obiettivo ora consacrato con l'individuazione di un commissario *ad hoc*) hanno fatto sì che l'Unione diventasse sempre più presente nella regolamentazione dei temi alimentari, sfruttando un'interpretazione estensiva del concetto di *food security*.

Il settore agroalimentare è inoltre indicativo di un'ulteriore tendenza in atto: quella verso la definizione di standard multilaterali promossi dall'ONU: si tratta, in numerosi casi, di strumenti molto meno invasivi rispetto a quelli della legislazione UE, ma che comunque generano un «effetto adattamento» che può incidere sugli interessi e le strategie dei soggetti operanti in questo comparto.

Tutto questo per dire che i grandi interessi economici tedeschi passano solo tangenzialmente da Roma, poiché riguardano materie che esulano sempre più dalla dimensione legislativa nazionale. In questo senso l'interazione e l'integrazione italotedesche si differenziano in modo strutturale dal rapporto che i due hanno con l'altro grande attore continentale: la Francia. Quello che, spesso in modo improprio, viene chiamato l'asse francotedesco è, infatti, un rapporto eminentemente politico sul quale si è innestato un intenso rapporto economico, confermato e rinnovato di recente con l'accordo firmato ad Aquisgrana nel 2019, che interviene anche sulla cooperazione in campo economico e nella politica estera. Non è un caso che all'ombra della cooperazione politica si sia sviluppata una collaborazione nel comparto industriale maggiormente dipendente dalla politica: quello della sicurezza e della difesa. Da decenni colonna portante della difesa europea, l'intesa francotedesca si è rafforzata con la Brexit: con l'uscita della Gran Bretagna, la difesa europea assume infatti una dimensione continentale che non trova più un valido bilanciamento, se non nella sede NATO attualmente molto indebolita, nella dimensione anglosassone e transatlantica.

Anche il rapporto economico tra Francia e Italia è un rapporto eminentemente politico, e questo non per ragioni storiche come nel caso dell'asse francotedesco, quanto per il peculiare rapporto tra stato e impresa che caratterizza la Francia e che ha finito per prevalere nell'Italia repubblicana. La Francia è un paese «centralistico»: in questo non vi è un giudizio di valore, quanto la presa d'atto che in Francia il peso dello stato nell'economia è sempre stato rilevante e che il paese ha molto faticosamente aderito a una logica di mercato basata sulle PMI (Piccole e Medie Imprese) manifatturiere ed esportatrici. Questa è stata anche, in parte, la storia dell'Italia, che soprattutto a partire dagli anni sessanta del Novecento ha assistito a un crescente interventismo pubblico in settori strategici. Nel rapporto italofrancese vi è però un nocciolo duro di capitalismo di stato o comunque legato a dossier rispetto ai quali l'intervento dello stato risulta determinante. Il riferimento è innanzitutto al comparto sicurezza e difesa, ma anche a quello energetico e alla cantieristica.

Lo stesso nocciolo duro di economia di stato semplicemente non c'è, o esiste in misura non prevalente, nella specifica relazione italotedesca. Questo non è necessariamente un dato negativo: si pensi solo all'impatto che le increspature politiche hanno avuto sulle vicissitudini della cantieristica italofrancese. È però altrettanto vero che la mancata identificazione degli interessi economici italotedeschi come degni di tutela, sia per la loro natura diffusa, sia per la loro natura «metapolitica», così come per la miopia o il cattivo calcolo delle forze politiche, fa sì che possano risultare misconosciuti o addirittura danneggiati nel confronto politico che si dipana tra Italia e Germania. Un rischio enorme, soprattutto per l'Italia, dove esiste un problema strutturale di disoccupazione e dove ancora permangono fragilità significative nel processo di internazionalizzazione.

La geografia conta: la logistica

Nell'ampio dibattito sull'economia 4.0, le questioni legate alla logistica rappresentano una componente così importante da spingere gli addetti ai lavori a parlare di una micro rivoluzione che porterà alla logistica 4.0, la quale incorporerà i principi della collaborazione e dell'interconnessione e sfrutterà appieno le innovazioni tecnologiche. È pertanto abbastanza sorprendente che questo settore, di assoluta rilevanza strategica per l'economia europea, sia così poco presente e visibile sui mezzi di comunicazione. Una spiegazione risiede sicuramente nella natura molto tecnica di questi processi, che spesso rimangono confinati nei dibattiti tra gli addetti ai lavori, salvo suscitare l'attenzione di un ampio pubblico quando si inseriscono all'interno di più estese strategie geopolitiche. Questo è avvenuto di recente in merito all'inclusione dell'Italia nella Nuova via della seta (*Belt and Road Initiative*) cinese, la cui realizzazione passa per il pieno inserimento dell'Italia nella catena globale della logistica.

Quest'ultima, oltre a essere parte di un discorso che si sviluppa su scala globale, è un comparto che offre numerose sfide e opportunità a livello intraeuropeo e, specificatamente, tra Italia e Germania, impegnate a sviluppare un approccio che potremmo definire più «strutturale e infrastrutturale». La Germania ha un ruolo leader in questo settore, e la sua performance è sempre più oggetto di valutazione quantitativa: il *Logistic Performance Index* elaborato dalla Banca Mondiale conferma infatti il primato tedesco. L'Italia invece si è attestata, per l'anno 2018, al diciannovesimo posto, ma vi è un interesse reciproco a sviluppare sinergie.

Tra le realtà che assumono un valore strategico all'interno di questo quadro vi è sicuramente il porto di Trieste. L'autorità portuale ha concluso due accordi con operatori tedeschi di prima grandezza, con lo scopo di rendere Trieste una delle realtà logistiche più attive in Europa. Nello specifico, il primo accordo riguarda la stretta alleanza tra la piattaforma logistica di Trieste e il principale terminalista del porto di Amburgo (HHLA) per sviluppare un nuovo molo container e raddoppiare i traffici dello scalo triestino. Il secondo accordo è con la Duisburg, la società che gestisce l'omonimo porto tedesco, che investirà e supporterà la crescita dell'Interporto di Trieste, cioè la struttura retroportuale. Quindi la Germania, che è centrale nella logistica europea, decide di allinearsi con Trieste non solo per giocare la carta dell'Adriatico come accesso all'Europa, ma anche per realizzare una vera e propria strategia regionale, possibile grazie all'intermodalità logistica dell'area.

Dal punto di vista ferroviario, invece, il più importante scalo merci italiano è notoriamente l'Interporto Quadrante Europa di Verona, che ha tra l'altro intrapreso un significativo programma di investimenti per la realizzazione dell'alta velocità sulla tratta Brescia-

Verona-Vicenza. È stata inoltre avviata la progettazione di un nuovo terminal intermodale con un modulo di circa 750 metri, che permetterà di accogliere treni di tale lunghezza provenienti dalla Galleria di base del Brennero. Il 75% dei traffici merci da e per Verona è infatti costituito da servizi ferroviari con la Germania attraverso il Brennero, la vera porta che connette l'Italia e la Germania, nostro primo partner commerciale. Questi investimenti permetteranno quindi di migliorare la comunicazione tra i due mercati di riferimento e fanno ben sperare in una leadership europea nella logistica.

Proprio sul terreno della logistica, infatti, l'Unione Europea gioca una delle sue partite più importanti. La connettività transeuropea è infatti uno degli ambiti in cui si dovrebbe realizzare quella «transizione verde» che trasformerebbe l'Unione in un nuovo modello globale di crescita sostenibile. Vi sono poi alcune considerazioni di più ampio respiro legate alle dinamiche geopolitiche e geoeconomiche: proprio la vicenda triestina è stata presentata come un tentativo dell'Unione Europea di bilanciare la crescente presenza cinese in Europa. Si tratta, forse, di una lettura un po' semplificata, ma questo non toglie che proprio sui porti e sui terminali di approdo si stia svolgendo un confronto tra attori globali, e che questo confronto passi proprio per l'Italia.

La dimensione bancaria e assicurativa

Se il settore della logistica sta vivendo una profonda trasformazione, si può dire che quella che sta interessando le istituzioni finanziarie è una vera e propria rivoluzione. Il rapido sviluppo del settore Fintech sta ponendo una sfida sistemica al mondo bancario e assicurativo ed è immaginabile che il panorama dei prossimi anni sarà profondamente diverso da quello attuale. Questo non deve però cancellare l'identità storica di un sistema, che si definisce anche sulla base dell'interazione con i modelli e gli istituti di altri paesi. In questo senso, le attività finanziarie tra l'Italia e la Germania possono vantare una lunga storia. Non si può non ricordare il ruolo che, a fine Ottocento, svolsero i principali istituti bancari tedeschi nella fondazione della Banca Commerciale Italiana. Sotto la guida dell'amministratore delegato Jósef Toeplitz, un bel ritratto del quale è esposto nella sala del consiglio della sede storica della Banca Commerciale Italiana (oggi Intesa San Paolo) in piazza della Scala a Milano, la Comit divenne la banca italiana più conosciuta al mondo. La Comit rappresentò un nuovo modello di banca, che finanziò la crescita economica del paese anche attraverso la raccolta di capitale di rischio nei settori più rilevanti del periodo (in particolare siderurgia, chimica e comparto elettrico). Fu anche una delle prime banche a internazionalizzarsi in modo strutturale, con una rete di filiali che andavano dall'America Latina agli Stati Uniti alla Gran Bretagna.

Sarebbe stato il successore di Toeplitz alla guida della Comit, il «banchiere umanista» Raffaele Mattioli, a formare quella classe dirigente del mondo bancario e finanziario che, dopo i primi passi all'ombra del fascismo, avrebbe poi avuto un ruolo centrale nella ricostruzione dell'Italia del dopoguerra. Era un mondo ancora fortemente legato alla Germania, non solo a livello bancario ma anche, e soprattutto, a livello culturale e formativo.

Molto è cambiato rispetto a quegli anni: è mutato il perimetro all'interno del quale le banche si muovono, come anche i compiti che sono loro assegnati. Di conseguenza anche la *Bildung* di coloro che operano nel settore bancario internazionale si è adattata e ormai da diversi decenni i cosiddetti «finanzieri» si formano nella scuola anglosassone più che in quella tedesca. Ma in questo contesto così profondamente mutato Italia e Germania hanno mantenuto un forte livello di integrazione e compenetrazione.

Al giorno d'oggi i rapporti finanziari tra Italia e Germania sono principalmente imperniati sulle attività di quattro istituti, e cioè i gruppi italiani UniCredit e Generali e i tedeschi Allianz e Deutsche Bank. Per ognuno di essi, quello tedesco o italiano rappresenta il principale mercato europeo al di fuori di quello nazionale.

Per comprendere le ragioni di questa forte presenza reciproca è necessario ripercorrere, senza entrare in argomenti troppo tecnici, alcune operazioni che si sono svolte negli ultimi 15 anni. Il ruolo delle banche italiane in Germania è radicalmente mutato a partire dal 2005, con l'acquisizione di HypoVereinsbank da parte di UniCredit. Grazie all'integrazione, il gruppo UniCredit – che in Germania ha la sede principale a Monaco di Baviera e impiega circa 20 000 persone – è diventato uno dei primi operatori della zona euro. Può quindi trarre importanti vantaggi dall'area geografica che include la Germania meridionale e l'Italia settentrionale, un'area che, come abbiamo visto in precedenza, è tra le più ricche e dinamiche d'Europa.

Su un altro versante, le Assicurazioni Generali vantano invece una lunga presenza, circa sessantennale, in Germania. Nel corso del tempo hanno acquisito diverse realtà locali, hanno stabilito la loro sede a Colonia, impiegano circa 15 000 persone e vantano una quota di mercato significativa, essendo di fatto il secondo operatore assicurativo nel paese.

Per quel che riguarda le società tedesche, invece, il gruppo Allianz ha un'importante presenza in Italia, sia nel mercato assicurativo sia nella raccolta del risparmio. È cresciuta nel tempo sia organicamente sia per via di acquisizioni (RAS, Lloyd Adriatico e BNL Investimenti), ed è a tutti gli effetti uno dei principali *player* assicurativi in Italia con un'ottima reputazione. Similmente, l'Italia rappresenta la maggiore presenza europea per il gruppo Deutsche Bank al di fuori della Germania. Il gruppo inaugurò la sua prima sede verso la fine degli anni settanta e poi negli anni ottanta e novanta acquisì delle realtà importanti come la Banca d'America e d'Italia, la Banca Popolare di Lecco e Finanza e Futuro. Da allora il gruppo è cresciuto organicamente in diversi settori (retail, PMI, grandi aziende, banca d'affari e risparmio gestito). Ha anche concluso importanti accordi di distribuzione con Poste Italiane, in particolare nei prodotti di credito al consumo rendendola, di fatto, una vera realtà domestica italiana.

Questa breve panoramica permette di comprendere che esiste un côté bancario e assicurativo che affianca i settori industriali nei quali le economie di Italia e Germania sviluppano delle sinergie. L'infrastruttura bancaria e assicurativa risulta fondamentale soprattutto nell'ottica di una partecipazione a mercati e processi innovativi e momenti di passaggio come quello che stiamo attraversando. Non si tratta, naturalmente, di un'infrastruttura esclusiva e l'Italia sperimenta sinergie fruttuose anche con realtà bancarie di altri paesi (si pensi, ad esempio, alla Francia). A favore dell'asse italotedesco della finanza e delle banche vi sono però due argomenti: il primo è che questo sistema offre i suoi servizi a una realtà economica integrata e osmotica, che lo diventerà ancora di più con i progressi attesi dell'industria e della logistica; il secondo è che le realtà che compongono questo network bancario e assicurativo seguono un *business model* di alta internazionalizzazione. Tutto ciò rappresenta un valore aggiunto per due economie che, seppur con performance diverse, hanno il loro cuore pulsante nell'export manifatturiero e in settori che guardano sempre più ai mercati globali.

Le grandi sfide che ci uniscono

Questa breve carrellata rappresenta una fotografia degli attuali rapporti economici tra Italia e Germania. È prevedibile, oltre che auspicabile, che le aziende italiane e tedesche continuino il loro percorso di crescita e globalizzazione, sia in termini dimensionali che di mercato di sbocco. Molto dipenderà, al di là delle capacità intrinseche del sistema produttivo, dalla ricostruzione di un sistema commerciale internazionale che ha molto deviato rispetto alle premesse che si erano definite tra la fine degli anni novanta e i primi duemila. Quello che in gergo economico viene definito *spaghetti bowl effect*, quella tendenza cioè al moltiplicarsi di accordi commerciali bilaterali e all'affermazione di un regionalismo chiuso, mette in discussione le basi del multilateralismo e, per quel che qui ci interessa, potrebbe andare contro gli interessi comuni di Italia e Germania. Queste economie, proiettate verso il segmento alto della catena del valore, hanno infatti interesse a una normazione il più possibile globale che permetta loro di espandersi e, al contempo, di vedere i loro investimenti in ricerca e sviluppo adeguatamente tutelati. Vi è però un moderato ottimismo legato sia alla capacità dell'Unione di svolgere un ruolo più incisivo sulla scena globale e nelle istituzioni economiche multilaterali, sia all'auspicabile sintonizzazione tra UE e Stati Uniti.

I prossimi anni porranno una serie di sfide trasformative all'economia europea. La Commissione europea ha impostato il suo disegno riformista sulla base del principio di sostenibilità intergenerazionale, il che farà sì che alcuni programmi, come quello della *green economy*, assumano valore strutturale. Questo ci porta a riflettere sulle probabili sinergie che si potrebbero sperimentare in alcuni comparti, come ad esempio quello energetico. È nota l'attenzione della società tedesca per i temi legati all'ambiente e alla sostenibilità. Ciò detto, l'italiana ENEL negli ultimi anni è divenuta il maggior produttore al mondo di energia rinnovabile, una leadership che potrà essere esportata in molti paesi esteri e trovare nella Germania un interlocutore privilegiato. Questo permetterà, tra l'altro, di sfruttare appieno quella rete di enti di ricerca tra i quali si possono ricordare, in Italia, il CNR, l'IIT e lo Human Technopole e, in Germania, il Max Plank Institut, la Leibniz-Gemeinschaft e la Fraunhofer-Gesellschaft.

Ciò consentirà inoltre di affrontare le sfide che derivano dalla trasformazione di due società che stanno invecchiando: è noto che il rapporto tra la popolazione attiva (tra i 20 e i 64 anni) e quella in pensione (dai 65 in su) si stia riducendo in maniera significativa sia in Germania che in Italia, con conseguenze importanti anche sulle scelte – auspicabilmente comuni – relative a mercato del lavoro, welfare sanitario e pensionistico, istruzione e formazione.

Anche le diversità che fisiologicamente caratterizzano le due economie e che molti hanno visto come una giustificazione all'ostilità verso la Germania, rappresentano invece un importante patrimonio da tutelare. In un sistema capitalistico declinato secondo i canoni dello sviluppo sostenibile, anche gli interessi contrastanti possono trovare un'adeguata composizione e possono trasformarsi in un punto di forza, soprattutto se la sintesi degli interessi avviene all'interno di un sistema virtuoso come quello definito dal Mercato Unico e in un quadro di regole forte come quello dell'Unione Europea.

2.

L'alleato silenzioso

Giochi di memoria

Ogni rapporto internazionale sconta una quantità di traumi, eventi dolorosi e scorie del passato che possono rendere il presente problematico: è una regola che vale per tutti quei paesi che hanno fatto un pezzo di storia più o meno lungo insieme. Questo discorso è valido, in particolare, per i rapporti tra Italia e Germania: ogni ragionamento sul presente e sul futuro delle relazioni tra i due paesi deve tenere in considerazione una serie di stratificazioni della memoria che pesano e non possono essere accantonate, anche qualora si voglia coraggiosamente guardare avanti.

La questione della memoria italotedesca è stata affrontata dagli storici, tra i quali andava di moda l'immagine di un «passato che non passa», formula utile per spiegare come la memoria della seconda guerra mondiale e, in particolare, dell'occupazione tedesca dell'Italia tra il 1943 e il 1945 continuasse a proiettare le sue ombre su un rapporto ormai risanato tra i due paesi. Per comprendere l'importanza di questo passato basti pensare che in occasione del vertice bilaterale italotedesco tenutosi a Trieste nel 2008 è stato deciso di creare una commissione composta da storici dei due paesi con il compito specifico di avanzare proposte per chiudere la questione degli Internati militari italiani in Germania, ma con il mandato, ben più ambizioso, di formulare delle vere e proprie linee guida per costruire una memoria che, se non «comune», potesse almeno aspirare a essere «condivisa». La memoria di italiani e tedeschi è infatti ben lontana dall'essere comune, come invece avviene ad esempio per quella francotedesca.

La questione non è di natura meramente accademica poiché pesa ancora (e molto) sul presente dei rapporti tra i due paesi, rappresentando il vero convitato di pietra. Essa alimenta infatti una rappresentazione stereotipata che tende a proiettare l'immagine di una relazione non più corrispondente a quella attuale tra i due paesi. Sarebbe però un errore concentrare tutto il «passato che non passa» nella memoria della seconda guerra mondiale e dell'occupazione tedesca dell'Italia: pur costituendo una ferita molto profonda nella storia comune dei due paesi, quel periodo rappresenta un tassello di un processo più ampio, che affonda le sue radici e comincia a sedimentarsi e a divenire problematico nel momento unitario dei due stati (1861 e 1871) e prosegue fino a oggi, con un momento di svolta nella crisi economica e finanziaria del 2008-2009. Fino all'Unità d'Italia il Piemonte di Cavour era stato tra i modelli di riferimento europei, alimentando l'idea di un processo di unificazione nazionale realizzato all'interno di un paradigma liberale che occhieggiava alla Francia, ma soprattutto all'Inghilterra. Dopo il 1870 è invece la Germania di Bismarck che definisce il modello di stato «nuovo», in cui progresso tecnico, industrializzazione e sviluppo economico procedono a passo spedito all'interno di un paradigma sociopolitico orientato in senso conservatore. Durante il trentennio conclusivo dell'Ottocento si consolida la prima immagine italiana della Germania, un'immagine ambivalente che vede, da un lato, la Germania assurgere a guida per i ceti dirigenti e intellettuali della nuova Italia e, dall'altro, l'emergere di un timore latente nei confronti di una potenza la cui influenza stava diventando prevalente in tutti gli ambiti della vita, dall'economia alla cultura, dalla tecnologia alla politica.

La Germania, con il mito della sua forza, esercita un fascino quasi magnetico nei confronti delle generazioni maturate nella seconda metà dell'Ottocento: lo si vede sia nell'umore popolare che negli atteggiamenti, razionali o emotivi, di un mondo intellettuale che plasma se stesso – e cerca di plasmare il paese – alla nuova scuola. La Germania, prima bismarckiana e poi guglielmina, rappresenta quasi una passione della maturità, che porta le classi dirigenti ad abbandonare i vecchi miti del Risorgimento, inclusi i riferimenti alle potenze – a partire dalla Francia – che lo avevano accompagnato e guidato. Alcuni intellettuali, soprattutto quelli di antica fede liberale, giunsero a denunciare la «germanizzazione» dell'Italia umbertina, in cui i modelli tedeschi di importazione tendevano a prevalere su quelli «autoctoni», cancellando così l'identità della nazione.

In realtà il processo di osmosi tra mondo italiano e mondo tedesco si sarebbe rivelato meno lineare e unidirezionale di quanto i detrattori del germanesimo sostenevano nelle loro polemiche. La seconda metà dell'Ottocento coincise infatti con la piena maturazione di una serie di progressi che si propagarono in tutta Europa in diversi campi, dalle scienze fisicomatematiche a quelle umane e sociali, veicolati dal ruolo trainante della Germania nella seconda Rivoluzione industriale e agevolati dal suo ruolo dominante in Europa.

È proprio in questo momento storico che inizia a prendere corpo quel fenomeno di rigetto per una sfida culturale che, pur venendo riconosciuta come funzionale al progresso della nazione, rischiava di minarne l'identità profonda, e quel primato civile e morale in cui l'ideologia risorgimentale identificava la principale giustificazione e il primo motore dell'unità nazionale. Su questo argomento di natura culturale se ne innestava poi un altro di natura più prettamente politica, che vedeva l'Italia contrapposta all'Austria-Ungheria per il completamento territoriale della propria unità. La partecipazione alla Triplice Alleanza non era riuscita a neutralizzare l'irredentismo italiano, che proprio all'inizio del Novecento trovò nuova linfa e finì per preludere a una più ampia contrapposizione tra l'Italia e il mondo tedesco, rivelatasi poi con lo scoppio della Grande guerra.

Processi storici quali il rigetto, da parte italiana, dell'influenza tedesca giunsero a compimento. Pur con l'intenzione di combattere contro la sola Austria-Ungheria e cercando in tutti i modi di rifuggire dallo scontro diretto con la Germania, l'Italia prese alla fine parte al conflitto contro quest'ultima, dichiarandole guerra nell'agosto 1916. Pur senza un coinvolgimento ampio e diretto sul fronte tedesco, l'Italia finì per inserirsi nella schiera di quelle potenze che vedevano nella Germania il primo nemico da combattere. A trasformare la Germania nel primo nemico contribuì poi il fatto che l'Austria-Ungheria era implosa nell'ultima fase della guerra, cosa che aveva portato a identificare nella sola Germania la minaccia del germanesimo. Da quel momento in poi quest'ultima e l'Italia si trovarono su due sponde politicamente opposte e vi rimasero per alcuni anni anche dopo l'avvento al potere di Hitler. Con il Patto d'acciaio e il successivo intervento dell'Italia a fianco della Germania nella seconda guerra mondiale la contrapposizione tra i due paesi venne meno, ma la destituzione di Mussolini e la decisione italiana di uscire dal conflitto riacutizzò una tensione che crebbe a dismisura a seguito del rigore dell'occupazione e dei molti avvenimenti cruenti che la caratterizzarono. Quello che qui interessa rilevare, al di là del dato specifico, è che le vicende del periodo 1943-1945 si sovrapposero ai pregiudizi e agli stereotipi del passato. L'idea che Italia e Germania fossero l'espressione di due storie diverse ricevette anche illustri certificazioni, come quella di Benedetto Croce, che nel suo *Dissidio spirituale della Germania con l'Europa* (1944) spiegava come la Germania avesse iniziato a divergere dalla storia delle civiltà dell'Europa (e dell'Italia) sin dall'epoca della Riforma protestante e che il nazismo aveva rappresentato l'ultimo esito di un processo degenerativo di più lungo corso.

Questa memoria problematica, disseminata di scorie rappresenta, come detto in apertura, un dato ineludibile delle relazioni tra Italia e Germania. Di essa hanno dovuto tenere conto tutti i governi che si sono susseguiti nella storia repubblicana. Sin dall'era di De Gasperi questo rumore di fondo ha infatti rappresentato una complicazione non trascurabile per tutti quegli esecutivi che hanno esplicitamente puntato su un'intesa con la Germania.

Il vero problema risiede, come già detto nel capitolo precedente, nel fatto che i rapporti tra Italia e Germania si sviluppano sempre su due piani non perfettamente coincidenti: quello della realtà e quello della percezione. Ragionando in termini di lungo periodo, si può dire che la realtà vede i due paesi molto vicini sia, come si è già detto, sul fronte economico, sia, come si spiegherà tra poco, su quello politico. La storia percettiva è invece diversa e ha raramente coinciso con la realtà «fattuale» dei rapporti tra i due paesi. Questo è facilmente comprensibile guardando ai decenni più vicini al secondo conflitto mondiale, quando era impossibile descrivere la ritrovata intesa tra Italia e Repubblica Federale Tedesca utilizzando vocaboli come «alleanza» o «asse», intesa che faceva invece sorgere scrupoli e inquietudini. Si può però vedere come anche in tempi più recenti le immagini stereotipate, spesso costruite attraverso una rievocazione e una rielaborazione di momenti del passato, abbiano plasmato i sentimenti e gli atteggiamenti dell'opinione pubblica. Ciò vale sicuramente per la parte italiana e ci regala un elemento di complessità ulteriore che si sovrappone alla già complicata relazione tra due paesi che non si definiscono solo nel rapporto reciproco, bensì nel contesto più vasto dell'Europa e delle relazioni globali.

La controversa sintonia di due repubbliche

Il momento fondativo degli odierni rapporti italotedeschi è strettamente legato alle due figure di Alcide De Gasperi e Konrad Adenauer, i quali riuscirono, con la loro forza politica e sfruttando una grande intesa personale, a ristabilire una sintonia tra i due paesi nella comune proiezione europea e atlantica. La grandezza dei due statisti permise di realizzare quello che, nei negoziati internazionali, viene definito come un *reset* che portò di fatto a un superamento forzoso del recente passato e alla definizione di nuove forme di interazione costruttiva. La fase iniziale dei rapporti tra Italia e Repubblica Federale Tedesca può essere vista come un momento fondativo, anche perché alla fine degli anni quaranta i governi dei due paesi presero delle decisioni che avrebbero definito la loro posizione nelle relazioni internazionali nei decenni a venire. Fu in quel momento che i due paesi riconobbero l'importanza degli Stati Uniti come alleato chiave del sistema di sicurezza occidentale. L'atteggiamento di Washington verso i due paesi non è stato sempre identico. Si può tuttavia sostenere che sia l'Italia sia la Repubblica Federale Tedesca sono state sempre convinte della centralità del legame transatlantico: lo si sarebbe visto nei primi anni sessanta, quando vi fu il tentativo gaullista di incrinare quel legame e di forzare i paesi europei ad andare nella direzione di una maggiore indipendenza, proposta alla quale sia Roma che Bonn risposero negativamente. Questa linea, durata fino alla fine degli anni novanta, è progressivamente entrata in crisi con il nuovo millennio ed è culminata nell'indisponibilità tedesca a seguire gli Stati Uniti in Iraq. In tempi più recenti, con e anche a causa dell'amministrazione Trump, i rapporti tra Berlino e Washington si sono molto deteriorati. Ma guardando ai rapporti transatlantici al di là delle contingenze momentanee si può vedere come sia l'Italia sia la Germania, ieri come oggi, siano tra le nazioni più inclini a considerare strategica la partnership con Washington, seppure in un'accezione di minore esclusività rispetto al periodo della guerra fredda.

Il «momento» De Gasperi-Adenauer va dunque inteso come una parentesi eccezionale, nella quale la grandezza dei due leader e le circostanze internazionali portarono a una momentanea semplificazione del quadro dei rapporti bilaterali e a un superamento artificioso dell'eredità del passato. Per poter riguadagnare la complessità e la problematicità di questo rapporto bisogna attendere l'uscita di scena di De Gasperi nel 1953, quando le cose iniziarono a cambiare e a complicarsi: decisivo è stato il progetto di Comunità Europea di Difesa, a cavallo tra il 1953 e il 1954, che avrebbe dovuto portare a un riarmo tedesco nel contesto comunitario e che si è concluso con il fallimento della stessa CED. L'Italia fu attraversata da un'ondata di antigermanesimo e si creò un fronte trasversale di ostilità verso il riarmo tedesco. Non erano ancora passati dieci anni dalla fine della guerra ed era comprensibile che la tattica dei partiti di opposizione (quello socialista e quello comunista) di utilizzare in modo strumentale la paura del riarmo tedesco potesse avere successo. Ma in realtà questa vicenda mostra che i pregiudizi antitedeschi erano ben più radicati e andavano oltre lo scontro tra le forze politiche: si trattava infatti, come già detto, di una visione collettiva che affondava le sue radici in un passato più lontano e che sarebbe sopravvissuta ancora per diversi decenni. L'appunto del Ministero degli Esteri per la visita che il presidente della Repubblica Antonio Segni avrebbe dovuto compiere in Germania alla fine del luglio 1963 si sofferma sul fatto che:

> i rapporti italotedeschi, eccellenti sul piano ufficiale e di sempre crescente intensità sul piano pratico, lasciano a desiderare sul piano psicologico. Ciò è dovuto alla tradizionale difficoltà di comprensione tra i due popoli e ai ricordi del periodo 1943-1945, ancora vivi anche nei più qualificati strati della nostra opinione pubblica (Fonte: Archivio della Presidenza della Repubblica).

Lo si sarebbe visto ancora 15 anni dopo, nell'estate del 1977, quando Herbert Kappler fuggì dal carcere militare del Celio. In quell'occasione si ebbe una vampata di odio antitedesco la cui forza impressionò anche l'ambasciatore italiano a Bonn, Corrado Orlandi Contucci, che in un suo rapporto sottolineava come:

> emozioni e risentimenti profondi, inattesi a trentadue anni dalla fine del conflitto, sono improvvisamente riaffiorati dalle due parti con un'intensità e violenza inaspettate, apparse perfino incomprensibili agli osservatori ignari del complesso substrato psicologico su cui poggia l'intimo – e quanto diverso! – modo di sentire dei due paesi (Fonte: Archivio della Presidenza della Repubblica).

La fallimentare vicenda della CED rappresenta un passaggio emblematico che va al di là del momento contingente e ci fa comprendere limiti e potenzialità del rapporto tra Italia e Germania. La CED rappresentava infatti la soluzione politica a un problema molto complesso: quello del riarmo della Germania occidentale in un contesto di polarizzazione tra i due paesi e il passaggio definitivo della rinascita tedesca, che proprio con il riarmo del paese sarebbe giunta a compimento. Se si considera l'atteggiamento italiano si nota come l'ostilità dell'opinione pubblica e di ampi settori della politica nazionale non derivasse soltanto dalla paura che una Germania riarmata potesse tornare a cavalcare sogni di gloria e prevaricazione, ma anche (e soprattutto) dal fatto che una Germania pienamente ristabilita potesse superare definitivamente l'Italia nella gerarchia delle potenze europee. A complicare il discorso vi è dunque anche quella che potremmo definire la «paura del sorpasso», la paura cioè che la Germania potesse sopravanzare l'Italia in diversi ambiti, da quello politico a quello economico-commerciale, e che potesse diventare per gli alleati occidentali e per gli stessi nemici un interlocutore più importante dell'Italia.

Il 1955 fu, in questa prospettiva, un anno molto importante per la Repubblica Federale: accettato il suo riarmo all'interno dell'Alleanza Atlantica di cui divenne membro, la Repubblica Federale tornò alla produzione dell'anteguerra, all'interno di un sistema politico stabile centrato su due partiti maggiori. Pesava certamente il macigno della divisione, ma era innegabile che la Germania si avviava ad assumere un ruolo di forza motrice nel contesto internazionale, sia grazie a una possente economia *export-driven* che avrebbe assunto già sul finire di quel decennio un importante ruolo negli scambi globali, sia grazie all'impegno nel promuovere il processo di integrazione europea che si sarebbe realizzato di lì a breve con l'istituzione del Mercato europeo comune. Il senso di preoccupazione di fronte a questa avanzata è ben riassunto in un rapporto che all'inizio del 1955 l'ambasciata italiana a Washington indirizzò all'allora ministro degli Affari Esteri, Gaetano Martino:

> è lecito trarre la conclusione che gli obbiettivi della politica economica tedesca mirino essenzialmente allo sviluppo delle esportazioni tedesche nei vari mercati del mondo. La vasta gamma di iniziative attuate, in perfetto unisono, da parte del Governo e delle organizzazioni industriali e private tedesche e gli spettacolosi risultati già conseguiti tanto negli Stati Uniti quanto nei mercati dell'America Latina, lasciano prevedere che la Germania sarà in grado di conseguire nuove e più vaste affermazioni commerciali in tali mercati. È bene dunque prevedere fin d'ora che qualsiasi sforzo organizzativo italiano nel campo delle esportazioni dovrà tener conto dell'accentuata concorrenza della produzione tedesca, che risulta spesso sorretta da una più efficace organizzazione in loco e da fattori favorevoli nei riguardi dei costi di produzione e della struttura stessa delle esportazioni tedesche, composte in prevalenza da macchinari e da attrezzature industriali (anziché di prodotti voluttuari) che beneficiano già di notevole notorietà ed in tutti i mercati dell'area del dollaro (Fonte: Archivio Centrale dello Stato).

Questo balzo in avanti della Germania avveniva nello stesso momento in cui l'Italia iniziava a «tradire» le speranze del dopoguerra: il paese, infatti, faticava a individuare formule politiche che garantissero la stabilità di governo, mentre venivano meno anche molte delle premesse per la crescita economica. Lungi dall'essere diventato quel paese liberale che Einaudi aveva immaginato e che aveva cercato di costruire nella breve esperienza ministeriale, l'Italia sperimentava un boom economico temporalmente circoscritto che non avrebbe saputo tramutarsi in un processo di crescita strutturale. La divergenza tra i due paesi si accentuò proprio mentre in ambito comunitario si iniziavano a sperimentare forme di convergenza in diversi ambiti. Ve ne erano alcuni che per l'Italia non erano problematici, come ad esempio quello della cooperazione politica europea (la cosiddetta CPE), che con il Rapporto Davignon portò ai primi tentativi di coordinamento in materia di politica estera. Ma ve ne erano altri, riguardanti le misure economiche congiunturali e la convergenza delle politiche fiscali, che erano accolti in Italia come problematici e che creavano, nei confronti della Germania, una serie di complessi.

Una delle conseguenze di questa situazione fu che l'Italia, pur essendo uno dei paesi più vicini alla Germania, sfruttò molto il fatto che questa fosse divisa, dal momento che la divisione privava il governo della Bundesrepublik della capacità di perseguire fino in fondo i suoi obiettivi e ne limitava l'efficacia del potere all'interno della CEE. La politica andreottiana è quella che, forse più di altre, incorpora questo sentire e infatti non sono mancati episodi che lo hanno fatto trasparire: si pensi, ad esempio, alla battuta *à la* François Mauriac dello stesso Giulio Andreotti, poi smentita, sull'amore per la Germania che lo avrebbe portato a volerne due, come anche alla posizione sempre tenuta da Andreotti e da Gianni De Michelis nei negoziati sulla riunificazione tedesca. Qui l'Italia, come ben analizzato in diverse occasioni dallo storico Gian Enrico Rusconi, mantenne la posizione forse più ostile di fronte all'ipotesi di una riunificazione immediata delle due Germanie, nel vano tentativo di diluire il processo di riunificazione e di condizionarlo a una serie di garanzie per gli altri paesi europei.

Se si abbandona la tradizionale rappresentazione oleografica dei rapporti tra Italia e Germania occidentale negli anni della guerra fredda si vede dunque come essa fu attraversata da paure, risentimenti e incomprensioni. Questo però non impedì che emergesse una convergenza di fondo, che riguardava innanzitutto la centralità della democrazia costruita sulle ceneri delle dittature. Entrambi i paesi erano infatti riusciti a creare un sistema democratico e plurale funzionante, che avrebbe resistito alle sfide poste dalla contestazione del Sessantotto e dall'ondata terroristica degli anni sessanta e settanta. Le istituzioni dei due paesi resistettero anche alle tentazioni eversive che caratterizzarono quegli anni e questo ha fatto sì che potessero fungere da modello anche per i paesi che vivevano in quel momento sotto il tacco della dittatura. È forse questo il fattore determinante che ha reso Italia e Germania i due motori più importanti del processo di integrazione europea, soprattutto quando, con l'inizio degli anni ottanta, si assistette a un mutamento del quadro internazionale che permise la ripresa di tale processo. È questo il senso retrostante il piano Genscher-Colombo del 6 novembre 1981, che riaffermava «l'adesione ai principi democratici e al rispetto dei diritti umani dei paesi membri» come premessa di tutta una serie di manovre di rafforzamento dell'apparato istituzionale della CEE.

Crollano i muri... e scricchiolano i ponti

La forza motrice dell'intesa italotedesca negli anni del bipolarismo poggiava su un tendenziale equilibrio tra le due nazioni. Ora, a voler essere provocatori, si può affermare che il 1990 è stato l'*annus horribilis* per l'Italia a causa della riunificazione tedesca che ha fatto venire meno questo equilibrio. Falliti tutti i tentativi di spalmare il processo di riunificazione lungo un orizzonte pluriennale, la Germania risolve il problema apertosi con la resa del maggio 1945 e riguadagna la sua unità.

Al di là delle celebrazioni e del dato formale, la riunificazione rappresentava una grande incognita, visto che per quarant'anni le due Germanie avevano vissuto sulla base di regole di vita collettive, ma anche individuali, profondamente diverse. Il fatto che la Repubblica Democratica Tedesca fosse stata incorporata nella Repubblica Federale non rendeva più agevole l'estensione del *Modell Deutschland*, e più in generale del modello liberale occidentale, ai Länder orientali. Si temeva che le istituzioni e le strutture economiche fossero difficilmente convertibili se non in tempi lunghi e con enormi costi pubblici. A preoccupare era inoltre la reattività degli individui in regioni in cui l'iniziativa privata era sempre stata apertamente contrastata e soffocata.

Contrariamente a una vulgata tanto diffusa quanto falsa, la Germania non chiese nessun contributo esterno agli altri paesi europei per sostenere il peso della riunificazione, che fu pagata attraverso una tassa sul reddito delle persone fisiche. La Germania aumentò le importazioni e sperimentò alti tassi di interesse: quest'ultimo argomento viene spesso utilizzato da chi sostiene che la Germania abbia così, in modo indiretto, scaricato sugli altri paesi europei i costi della riunificazione. È vero però che si trattava di tassi di interesse che la stessa Bundesbank non considerava «naturali» e che di norma non avrebbe tollerato.

Quello che l'Italia andreottiana si era malignamente augurata, cioè che la riunificazione incontrasse qualche intoppo al fine di rendere la Germania più malleabile, si stava verificando. A rendere questo vantaggio nullo contribuì però il fatto che in quegli stessi anni anche l'Italia si imbarcò in una complessa e problematica transizione che fu, al contempo, istituzionale, economica e sociale. Infatti, il crollo del muro di Berlino aveva fatto vacillare il sistema dei partiti, a partire da quello comunista, che come in una specie di domino portò al crollo di quella che Pietro Scoppola chiamava la repubblica dei partiti. Mutilata nella sua classe dirigente e ancora incapace di produrre forze alternative, l'Italia si dovette così affidare a figure di transizione, con un ruolo crescente della componente tecnocratica.

Il tutto mentre l'Europa, che da quel medesimo crollo aveva tratto la spinta per un nuovo salto a favore dell'integrazione, si proiettava verso una nuova architettura istituzionale con la comunitarizzazione di ulteriori ambiti. In quel frangente Italia e Germania, seppur entrambe alle prese con le rispettive transizioni, si presentarono in modo completamente diverso: delegittimata e incapace di agire l'Italia, autorevole nella leadership e dotata di una chiara linea negoziale la Germania. Questo portò non solo alla definizione di regole e strategie che risultavano maggiormente in linea con gli interessi e le prospettive della seconda, ma anche a differenti modalità di accettazione della proposta europea: in Germania il trattato di Maastricht fu visto come un salto in avanti per il paese, coerente con il suo spirito europeo; in Italia, al contrario, la scelta più rilevante dal dopoguerra venne silenziosamente approvata senza un effettivo dibattito e senza che le forze politiche prendessero una posizione chiara e ragionata. La logica di Maastricht fu accettata e imposta in Italia perché, nella linea seguita da Guido Carli, era necessario creare un vincolo esterno che permettesse al paese non solo di rimanere ancorato alla parte più dinamica dell'Europa, ma anche di importare quelle riforme che non riusciva ad adottare e realizzare attraverso il suo sistema politico.

La prima metà degli anni novanta vide una profonda contrazione del ruolo internazionale dell'Italia: scarsamente considerata nel panorama delle potenze europee, fu di fatto esclusa dal novero di quelle incaricate di gestire la prima grande crisi del decennio, quella derivante dalla dissoluzione della ex Jugoslavia. Il paese dovette anche fronteggiare una riduzione della sua presenza negli scambi internazionali. L'annuario statistico (ISTAT) registrava in modo inclemente la continua riduzione dell'export italiano verso aree chiave, surclassato da economie che cavalcavano meglio il processo di globalizzazione. In diversi casi, come in quello dei Balcani, era proprio la Germania che cresceva a discapito delle imprese italiane.

Il decennio successivo vede questo divario accentuarsi e divenire sempre più esplicito. La Germania, che sotto la guida del socialdemocratico Gerhard Schröder si è avviata su un sentiero di riforme strutturali (quelle contenute nell'Agenda 2010) che la proiettano verso un ruolo di primo piano nell'economia del futuro, inizia a mostrare una maggiore autonomia anche nel campo delle relazioni internazionali. Lo si vede dopo l'11 settembre quando, pur allineandosi con gli Stati Uniti nella reazione al terrorismo, si mostra indisponibile a seguire Washington in Iraq e nella più ampia *war on terror*. Si trova dunque agli antipodi rispetto alle scelte che, in quello stesso frangente, stava compiendo il governo guidato da Silvio Berlusconi.

Quelli della coabitazione Schröder-Berlusconi furono anni caratterizzati da una certa freddezza di rapporti, e questo al netto delle scelte compiute dai due paesi sulla scena internazionale. A rendere il dialogo più problematico fu anche la forte sintonia tra Germania e Francia, che si alimentava della buona intesa tra Schröder e Chirac, della comune linea rispetto alla guerra in Iraq e, soprattutto, della convergenza in ambito europeo.

Il periodo compreso tra due date chiave delle relazioni internazionali, il crollo del muro di Berlino e l'attacco alle torri gemelle, vede dunque Italia e Germania diventare sempre più dissimili, sia sul fronte politico sia su quello economico. Viene progressivamente meno l'immagine di due paesi nati sulle ceneri della dittatura e cresciuti nell'era del bipolarismo, seppur con una serie di vincoli e limitazioni: la Germania, ormai libera dalle limitazioni del passato, porta avanti una transizione dinamica e assume un ruolo di guida – seppur non esplicita – della nascente Unione Europea; l'Italia, al contrario, appare in affanno ed è costretta ad adattarsi a regole e tempi che non definisce o che spesso presenta come il frutto dell'iniziativa altrui per giustificare la propria incapacità di affermare la propria linea o di creare consenso attorno ad essa.

Ci fu poi la crisi economica del 2008 e con essa emersero una serie di problemi che riguardavano sia l'Unione nel suo complesso sia l'Italia nello specifico. Era tornato al potere, per il suo ultimo mandato, Silvio Berlusconi e l'immagine che ci viene consegnata dei suoi rapporti con Angela Merkel è riassunta da una serie di sketch, battute e incomprensioni: si va dal «cucù» con cui Berlusconi accolse Merkel al vertice di Trieste del 18 novembre 2008 all'incontro di Baden Baden del 4 novembre dell'anno successivo, quando Berlusconi non andò incontro alla cancelliera perché impegnato al telefono, fino alla fatidica conferenza stampa del 23 ottobre 2011, quando Merkel e il presidente francese, Nicolas Sarkozy, sorrisero alla domanda di un giornalista circa l'affidabilità di Berlusconi. Tuttavia se è vero che, nella logica iconografica, la forma è sostanza, è altrettanto vero che non si possono ridurre i rapporti tra Italia e Germania alle incomprensioni momentanee di due leader, seppur con caratteri e atteggiamenti molto diversi.

Il periodo 2001-2011 va certamente considerato come un periodo non sempre facile, sia per gli orientamenti divergenti dei due paesi sia per il fatto che l'Unione Europea ha vissuto un momento molto travagliato nel tentativo di darsi una base costituzionale, sul cui fallimento si è poi innestata la crisi economica – la quale ha a sua volta accentuato una serie di asimmetrie tra i membri dell'Unione e alimentato le spinte disgreganti. Non fu però un decennio di rottura tra i due paesi, i quali mantennero, a livello di governo, un comune sentire e un indirizzo convergente. Lo si constatò soprattutto nel periodo immediatamente successivo a Berlusconi, nei due esecutivi di Mario Monti ed Enrico Letta. Non va poi sottovalutato il ruolo che in questa complessa fase hanno avuto gli altri luoghi della politica italiana, dalla Presidenza della Repubblica ai vari dicasteri e istituzioni economiche, che hanno contribuito a mantenere i rapporti bilaterali su un binario sicuro.

Quello su cui forse ci si deve soffermare (e ci deve far preoccupare) è l'onda lunga di questo primo decennio del nuovo millennio relativamente alle percezioni e agli atteggiamenti dell'opinione pubblica italiana. La sinergia non perfetta a livello di governi tese infatti a rafforzare una serie di miti e percezioni negative che aleggiavano da sempre e che in quel momento trovarono nuovo alimento. Nelle élite politiche e tecnocratiche tornò a circolare la paura (non priva di fondamento) di un asse francotedesco che tendesse a marginalizzare l'Italia, mentre nella più ampia opinione pubblica iniziò a consolidarsi l'immagine di una Germania madre-matrigna dell'Unione Europea, un despota non così benevolo capace di imporre regole che mal si attagliavano agli interessi dei paesi. Lo si vide con il dilagare della crisi economica in Europa e in particolare nelle more del caso greco. La lettura della stampa e dei commenti politici di quel periodo mostra come in Italia circolasse un sentimento fortemente ostile nei confronti della Troika e, in particolare, nei confronti della cancelliera tedesca. Si delineava una frattura crescente (vera, ma soprattutto percepita) tra i paesi dell'Europa meridionale (Grecia, Italia, Spagna e Portogallo) e i paesi dell'Europa del Nord. L'idea di una frattura interna all'Europa avrebbe poi subito una serie di sviluppi, perdendo la sua tradizionale configurazione geografica, tanto che in tempi più recenti si è preso a parlare di una contrapposizione tra paesi «frugali» e paesi che frugali non sarebbero. A rimanere immutato in questo discorso retorico è il ruolo della Germania, alla quale viene attribuita una responsabilità per aver accentuato la subordinazione di alcuni membri o per non averla impedita.

Di fronte al montare di questa onda di pregiudizi e all'emergere di quella che è stata definita una «estraniazione strisciante» tra Italia e Germania, il mondo politico non ha saputo porre un valido argine. I diversi governi che si sono succeduti hanno preferito trasformare l'intesa italotedesca in un affare istituzionale, senza impegnarsi per promuovere, presso l'opinione pubblica, una narrazione più coerente con la realtà dei fatti e con gli interessi del paese.

Gli ultimi anni hanno dunque accentuato la tendenza a separare la dimensione istituzionale e governativa da quella dell'opinione pubblica, lasciando così che si alimentasse una contraddizione tra dialogo politico effettivo e percezione del rapporto bilaterale. Una delle conseguenze di questo dualismo è che l'antigermanesimo è diventato un argomento di consenso: le forze politiche hanno infatti iniziato a sfruttare, anche in modo strumentale, il rapporto problematico con la Germania per accrescere il proprio consenso. È interessante rilevare come questa tendenza sia emersa già prima dell'affermazione elettorale della Lega e del Movimento Cinque Stelle. La storia del governo Renzi è paradigmatica in questo senso, sia perché già in quel periodo si osserva una propensione crescente delle forze politiche a utilizzare la «carta tedesca», sia perché fu lo stesso Renzi ad assumere un atteggiamento meno conciliante verso il governo tedesco. Lo si constatò in alcune occasioni, come ad esempio dopo il vertice UE di Bratislava del settembre 2016, quando Renzi attaccò la Germania non solo sul tema dei migranti, ma anche sul fatto che la Germania non rispettava le regole UE in materia di surplus commerciale. L'unica istituzione che ha ragionato in modo diverso è stata la Presidenza della Repubblica: se si guarda infatti all'ultima triade presidenziale (Ciampi, Napolitano, Mattarella) si vede come dal Quirinale il dialogo con la Germania non sia mai stato interpretato come un *affaire d'État*, bensì come il dialogo tra due popoli. Ma, per quanto importante sia la prima carica dello stato, non si può certo pretendere che essa sia la sola sostenitrice di un dialogo più «maturo».

«Merkel kann man vertrauen»

Il primo giugno del 2018 il primo governo presieduto da Giuseppe Conte presta giuramento. Blindato il Ministero degli Affari Esteri con una figura di elevata reputazione in ambito europeo (Enzo Moavero Milanesi), il governo si presenta però come una grande novità, in primis per gli italiani. Era quasi del tutto sconosciuto al grande pubblico il nome del Presidente del Consiglio, così come quello di molti esponenti dei Ministeri.

A suscitare le maggiori apprensioni erano però i due pilastri su cui si reggeva il nuovo esecutivo. Non è questo il luogo per una riflessione sull'impatto che l'affermarsi della Lega di Matteo Salvini e del Movimento Cinque Stelle ha avuto sulla politica italiana, se non per il fatto che la trasformazione di queste forze politiche in forze di governo ha aperto una stagione nuova per la politica europea dell'Italia, nella quale si inserisce anche una nuova fase dei rapporti italotedeschi.

Già nel corso della campagna elettorale i due partiti avevano manifestato l'intenzione di dare priorità all'interesse degli italiani, con formule certamente diverse, ma con il comune intento di rovesciare il vecchio assunto secondo cui gli impegni europei avrebbero la precedenza sugli interessi contingenti degli italiani. Queste forze hanno portato all'estremo una tendenza già emersa durante il governo Renzi, con una polarizzazione dei rapporti con le istituzioni europee nel nome dell'interesse nazionale.

Il primo grande cimento del governo fu la legge di bilancio, il passaggio tradizionalmente più complicato per i governi, su cui le due forze «del cambiamento» vollero intervenire in modo esplicito. Due provvedimenti – il reddito di cittadinanza e quota 100 – avevano pesanti implicazioni per la finanza pubblica e descrivevano una legge di stabilità che si presentava come divergente rispetto alla traiettoria di risanamento definita d'intesa con la Commissione Europea. Si configurava un «caso Italia» che avrebbe tenuto impegnate le diplomazie europee fino alla fine dell'anno, ponendo una serie di interrogativi circa le future mosse di un governo che aveva fatto dell'euroscetticismo un marchio di fabbrica. Il tutto veniva aggravato dal fatto che la questione italiana si dipanava in un momento particolarmente complesso per l'Unione, impegnata nel gestire la Brexit, le sue divisioni interne, e una serie di tensioni sul fronte transatlantico.

Per ciò che riguarda le relazioni bilaterali si registrarono tensioni ancor più laceranti. Lo si nota, per esempio, guardando l'evoluzione dei rapporti con la Francia, culminati, all'inizio del 2019, con il richiamo a Parigi dell'ambasciatore a Roma, Christian Masset. La frattura si era creata soprattutto tra l'Italia e i paesi fondatori della CEE, con una conseguente complicazione dei rapporti tra Roma e Berlino: sarebbe stato proprio questo nocciolo duro a doversi mostrare unito in un frangente così complesso. Le nubi tra i due paesi erano comparse quasi subito, nel giugno 2018, quando Conte minacciò di non prendere parte al vertice UE sull'emigrazione fortemente voluto da Francia e Germania e reclamato da Angela Merkel, in forte difficoltà sul fronte interno per l'indisponibilità dei cristiano-sociali ad accettare un pacchetto di provvedimenti a loro avviso troppo generoso. Il canale di dialogo diretto tra Matteo Salvini e il presidente bavarese, Horst Seehofer, venne percepito come un chiaro intento del governo italiano (che nella stampa internazionale veniva descritto come egemonizzato dal leader leghista) di fomentare la crisi interna alla leadership tedesca. In quell'occasione l'uscita dall'impasse fu trovata dalla stessa Merkel, che ottenne la partecipazione di Conte attraverso la disponibilità a fare un passo indietro sulla bozza di documento dell'incontro e a discutere un accordo maggiormente attento agli interessi italiani.

Da quel momento il dialogo tra i governi italiano e tedesco proseguì e il collante maggiore fu prodotto dall'atteggiamento di Berlino nei confronti della legge di bilancio italiana, che proprio sul finire dell'anno venne approvata con una «sostanziale» accettazione da parte di Bruxelles. Già nella seconda parte del 2018 venne ristabilito un dialogo costruttivo che permise non solo di neutralizzare le spinte destabilizzanti che la costituzione del nuovo governo aveva generato, ma anche di registrare una sintonia sui dossier strategici dell'Unione.

In questa fase il dialogo fu appannaggio del presidente del Consiglio e della struttura che a lui faceva capo (in primis ovviamente il consigliere diplomatico). Fu Conte a stabilire, con l'approvazione e il sostegno del primo colle della capitale, un canale di dialogo personale con Merkel e a individuare nel governo tedesco l'interlocutore principale dell'Italia: proprio mentre stava per esplodere la crisi con Parigi veniva infatti pubblicata su «Die Zeit» l'intervista a Conte con un titolo che non lasciava spazio a interpretazioni: *Merkel kann man vertrauen* (Di Merkel ci si può fidare). Di lì a breve sarebbe anche circolato il video dell'incontro informale tra i due leader, nel quale Conte accennava allo sbilanciamento tra Lega e Movimento Cinque Stelle e alla difficoltà di gestire le posizioni di Salvini.

Senza entrare nel merito di quel singolo evento, è comunque possibile vedere come nel corso del 2019 e fino alla crisi estiva che portò alla fine dell'esperienza gialloverde, l'antigermanesimo rimase soprattutto appannaggio della Lega, con una posizione più sfumata del movimento grillino (peraltro maggiormente concentrato nella sua campagna misogallica). Questo permise al primo ministro, che peraltro aveva iniziato ad avocare a sé in misura sempre più consistente i dossier relativi ai rapporti con i principali partner europei, di poter seguire e coltivare i rapporti con Berlino senza le continue ingerenze dei partiti della sua maggioranza. L'ingresso nel governo del Partito Democratico, tradizionalmente orientato verso il dialogo con la Germania, permise di stabilire una comunicazione più articolata e polifonica con il maggiore coinvolgimento di altre strutture e ministeri prima meno impegnati su questo fronte.

Ora, l'era Conte può essere vista come un momento storico in cui i rapporti tra Italia e Germania hanno sperimentato una serie di tensioni. Il giudizio generale è però che in questa fase la Germania rappresenta per l'Italia un alleato tanto prezioso quanto silenzioso: il sostegno tedesco è infatti stato confermato e rafforzato anche di fronte allo stress test rappresentato dal governo gialloverde, che dall'esterno poteva essere visto come l'espressione di forze populiste e di un euroscetticismo particolarmente virulento. Certamente dietro alla linea di Berlino vi sono considerazioni che mirano alla tutela del proprio interesse nazionale, oltre che a quello dell'Unione Europea, ma ciò non toglie che l'atteggiamento della Germania, congiuntamente a quello adottato dalla Commissione europea e dalla BCE, ha evitato che l'Italia diventasse davvero un caso per l'Europa e che le scelte compiute dal paese venissero sottoposte al giudizio meno comprensivo dei mercati internazionali, con potenziali scosse destabilizzanti sui titoli.

Certo, questi ultimi due anni e mezzo hanno anche confermato ed enfatizzato alcuni aspetti patologici di questo rapporto. In particolare, il dialogo e la creazione di canali di cooperazione sono stati possibili, ancor più che in passato, attraverso una centralizzazione dei rapporti nelle mani del governo e non attraverso un riconoscimento più ampio delle forze politiche e dei vari portatori di interesse nei confronti dell'opportunità di tale dialogo e tale cooperazione. Addirittura, il fatto che l'uscita dalla fase di tensione sia avvenuta grazie all'iniziativa quasi personale del presidente del Consiglio invita a riflettere sulla già menzionata tendenza delle istituzioni a mantenere i rapporti con la Germania all'interno di un perimetro istituzionale forzoso e su quanto ci sia da fare per rendere visibili gli interessi comuni dei due paesi.

Divergenze parallele

La constatazione dell'esistenza di un forte retroterra comune e di un'intesa efficace sulle grandi questioni europee non deve portare a sottostimare le molte differenze e divergenze, reali e potenziali, che esistono tra Italia e Germania. Proseguendo sulla pragmatica linea di analisi che ha ispirato la ricostruzione storica che abbiamo condotto fin qui, è opportuno chiedersi quali sono gli aspetti che rendono i due paesi diversi nell'attuale contesto europeo e internazionale. DIVERSI EUROPEISMI

Una prima e profonda divergenza emerge riguardo all'integrazione europea, proprio quel terreno che poc'anzi era stato identificato come il luogo in cui si sperimenta la maggiore convergenza tra Italia e Germania. Questo è senza dubbio vero, ma non bisogna dimenticare che i due europeismi, quello italiano e quello tedesco, muovono da presupposti diversi e si sono sviluppati a partire da contingenze e sollecitazioni diverse. L'europeismo italiano nasce da una visione storica unitaria dell'Europa e del suo progresso e ha come pilastro l'idea di un primato civile e morale dell'Europa che deve ispirare l'integrazione al suo interno, ma anche la sua proiezione verso l'esterno. Vi sono poi diverse sfumature legate alle sensibilità dei vari promotori dell'europeismo italiano: si va infatti dal progressismo antimilitarista degli estensori del Manifesto di Ventotene all'europeismo liberale e pragmatico di Luigi Einaudi. Rimane comunque un europeismo che ha innanzitutto un'anima profondamente politica, che muove dalla convinzione che un'Europa unita debba essere capace di affrontare le sfide che si delineano all'orizzonte. È un europeismo, infine, che presenta dei tratti fortemente nazionali: questa è una caratteristica meno evidente, ma che emerge se si confronta il caso italiano con quello della Francia, in cui la nazione diventa fattore contenitivo e, in alcuni casi, ostativo dell'integrazione europea. È poco evidente anche perché le vicende del fascismo e della guerra hanno spostato il nazionalismo italiano sottotraccia e questo ha reso più difficile l'attività di rilevazione del suo operato. Però c'è ed è necessario tenerne conto quando si guarda al modo in cui l'Italia si pone rispetto all'Europa e alla sua integrazione, nel senso che l'europeismo italiano, che è ben più profondo e radicato di quello di altri paesi membri, è soggetto a una tensione costante tra piena adesione e profondo rigetto, che si alternano spesso con forti scossoni.

GER. Quello tedesco è un europeismo diverso, che presenta un'iniziale natura «obbligata»: lo fu quello di Bismarck, nel senso che l'intera politica di equilibrio perseguita dal cancelliere era vincolata all'equilibrio europeo. Obbligato fu anche l'europeismo durante gli anni della guerra fredda, quando l'impegno della Repubblica Federale per la costruzione europea era strettamente legato alla necessità di rafforzare l'Europa occidentale nella prospettiva della riunificazione. Per molti intellettuali, soprattutto non tedeschi, l'europeismo rappresentava un presidio funzionale per prevenire il *Sonderweg*, cioè la presunta e temuta tendenza della Germania a deviare dalla comune via della civiltà europea. All'indomani della riunificazione la Germania ha mostrato l'infondatezza di questi timori ed è passata a un europeismo volontario, pur mantenendo l'impegno categorico nell'Unione come un «imperativo morale». Questo spiega, ad esempio, l'impostazione dell'Europa come necessità sostenuta da Angela Merkel. Pur nella naturale convergenza tra i due europeismi italiano e tedesco, non si può fare a meno di constatare che questi presentano una serie di asincronie e diversità percettive che possono pesare, se non nei momenti decisivi almeno nella «ordinaria amministrazione» dell'Unione.

Una seconda – e forse ancor più grande – differenza sta nella collocazione e nella proiezione geopolitica dei due paesi. Basta osservare la posizione geografica per constatare come Germania e Italia «guardino» a mondi diversi: chiusa al centro dell'Europa la prima, con una proiezione verso il Baltico, collocata nel Mediterraneo la seconda, e identificata come «ponte» non solo tra Europa e MENA (Middle East and North Africa), ma anche tra est e ovest. Con la fine della guerra fredda e la successiva riunificazione della Germania questo discorso ha subito profondi cambiamenti, soprattutto per quel che riguarda la Germania, ma non sono venuti meno alcuni assunti di fondo.

Nel corso dell'ultimo trentennio la Germania, proseguendo un discorso già avviato sottotraccia nel corso degli anni settanta dalla Repubblica Federale, ha consolidato il suo ruolo di perno dell'Europa continentale operando una vera e propria colonizzazione economica delle economie postsocialiste dell'Europa centrale e orientale. A partire dagli anni novanta sono entrate nell'orbita tedesca le economie di Repubblica Ceca, Slovacchia, Polonia e Ungheria, con una proiezione geopolitica e geoeconomica che ha toccato anche i Balcani, sia occidentali (Slovenia e Croazia) sia orientali (Romania e Bulgaria). All'interno di questo discorso, *ça va sans dire*, un posto centrale è riservato all'Austria, anche se non bisogna cadere nell'errore, tipico di molta vecchia diplomazia italiana, di considerare Vienna e Berlino osmotiche, né tanto meno di credere che la seconda consideri la prima come il suo junior partner. Guardando a tre decenni di proiezione tedesca verso questi paesi, si vede come tale inclusione sia stata sia economica, con la creazione di catene di produzione fortemente integrate, sia politica: qui, all'approfondimento dei rapporti bilaterali si è sempre affiancata una chiara strategia di europeizzazione di questi paesi: è in questa prospettiva che deve essere considerato il percorso che inizia con la decisione, per molti versi incauta, di riconoscere l'indipendenza di Slovenia e Croazia nel 1992 e che prosegue fino all'ammissione di quest'ultima nell'UE nel 2014, passando per gli allargamenti dell'Unione del 1995, del 2004 e del 2007.

La creazione di un'area economicamente integrata e dinamica nel cuore dell'Unione, apparsa prima come un grande successo strategico della Germania, si è trasformata negli ultimi anni in un fattore problematico per quest'ultima e per la sua politica europea. Questo cambiamento è legato agli sviluppi interni di alcuni paesi, nello specifico Polonia e Ungheria, dove le misure adottate dai governi hanno sollevato una «questione democratica» all'interno dell'Unione Europea, spiazzando soprattutto la Germania. La leadership tedesca aveva infatti puntato alla creazione di un'Unione Europea normativa, in cui la democraticità interna rappresentava non solo un dato identitario incontrovertibile, ma anche un potente strumento di proiezione esterna dell'Unione. Negli ultimi anni la questione ha rischiato di minare le basi fondanti dell'UE, perché ne rende problematica la posizione internazionale e il rapporto con gli altri attori globali. Il governo Merkel ha mantenuto una linea di estrema moderazione verso questi governi per prevenire una frammentazione dell'Unione e una eventuale incapacità di gestire in modo organico la pandemia di Covid-19. È però ragionevole immaginare che vi sarà, anche nel post Merkel, un impegno per la promozione di un consolidamento all'interno dell'Unione.

L'Unione Europea rappresenta il vero *trait d'union* tra la dimensione bilaterale e regionale della Germania, da un lato, e la sua *Weltpolitik* dall'altro. Quest'ultimo termine è certamente controverso, in quanto richiama una stagione della politica estera tedesca, quella guglielmina, che molta letteratura storica mette in stretta connessione con la tragedia della grande guerra e il percorso degenerativo della Germania. È però giusto identificare come globale una politica, come quella tedesca, che mira a dialogare e a includere aree e attori extraeuropei e a definire un sistema di regole che abbia un respiro realmente internazionale. La Germania concepisce un ordine internazionale, sia politico che economico, basato su una pluralità di soggetti e che faccia leva su alcuni attori chiave. Tra questi vanno innanzitutto menzionati Stati Uniti e Russia: i primi rappresentano un interlocutore storico, nonché il principale sostenitore della causa tedesca negli anni della guerra fredda e, sebbene nell'era Trump i rapporti tedesco-americani abbiano toccato il loro punto più basso dal 1945, nella prospettiva tedesca gli Stati Uniti rappresentano un player imprescindibile – nonostante la Germania non concepisca il legame transatlantico come mera aderenza all'unipolarismo americano. Più complesso, ma anche più profondo, è il rapporto con la Russia: nonostante la contrapposizione tra la Bundesrepublik e il Cremlino negli anni del bipolarismo, la Russia ha sempre rappresentato un asse portante della politica estera tedesca. Dopo la riunificazione, la distanza tra i due paesi si è molto accorciata, grazie all'interscambio commerciale, alle dinamiche industriali e alla crescente interconnessione energetica. Sul fronte politico, l'idea iniziale dei tedeschi – di correlare l'integrazione russa nell'economia tedesca ed europea con una democratizzazione interna del paese – si è rivelata illusoria. Negli ultimi anni, soprattutto dopo la questione della Crimea, lo iato tra Germania e Russia si è di nuovo ampliato, complice anche la decisione dell'Unione Europea di imporre le sanzioni. Questo però non smentisce l'idea di fondo che tra Germania e Russia esista un dialogo privilegiato, anche perché i russi continuano a guardare alla Germania come al loro primo interlocutore nel contesto europeo.

Con il galoppante processo di globalizzazione, anche la Cina si è stabilmente inserita nella visione e nella politica globale della Germania. Qui il dialogo verte soprattutto su questioni economiche e la Germania si è mostrata molto intraprendente nel creare catene del valore solide e strutturate che hanno retto l'urto del ciclo economico e delle crisi. Questa *Weltpolitik* basata su una serie di attori chiave si integra e si sposa con un forte impegno della Germania in sede multilaterale, ONU in primis, ma anche nelle istituzioni economiche internazionali. Nella politica multilaterale della Germania non sono mancati i passi falsi, come il tentativo di ottenere un seggio permanente nel Consiglio di Sicurezza dell'ONU. È però innegabile che il mondo riconosca ai tedeschi un impegno credibile nel creare un mondo in cui le «regole» abbiano un peso determinante.

Il ruolo internazionale dell'Italia si definisce invece secondo premesse e percorsi in parte diversi. Una prima e profonda differenza sta nella concezione che l'Italia ha della propria posizione geografica e, soprattutto, nell'autopercezione del proprio ruolo e della propria missione «storica». In realtà, una delle direzioni in cui l'Italia guarda coincide con quella della Germania, e cioè quell'Europa che rappresenta un modello di sviluppo della statualità e di integrazione. In questo senso si può guardare alla storia d'Italia di lungo periodo come a un progressivo spostamento dal Mediterraneo – cuore del mondo del tardo medioevo e della prima età moderna, che però perde progressivamente la sua centralità – verso un'Europa centrosettentrionale che invece sperimenta nuovi modelli di sviluppo. La storia dell'Italia unita può essere vista come un grande tentativo, compiuto da un paese periferico, di agganciare e di rimanere stabilmente ancorato alla locomotiva continentale. A questa linea di tendenza dell'identità italiana se ne affianca un'altra, che rigetta (o quanto meno non considera esclusiva) questa proiezione europea e rivendica un più esteso margine di autonomia, con una riaffermazione del Mediterraneo come baricentro politico ed economico che ha come conseguenza diretta la riaffermazione della centralità dell'Italia. A dare corpo a questa ambizione hanno contribuito, nei vari momenti, miti e ricostruzioni tendenti a presentare l'Italia contemporanea come la continuazione dei momenti di grandezza – politica, ma anche culturale e morale – che avevano interessato la penisola. A voler richiamare l'immagine di Goethe tanto cara a Guido Carli si può dire che l'Italia, anche sul fronte dell'identità politica e della collocazione internazionale, vive uno scontro tra due anime faustiane che tra loro si alternano, cozzano e, nella maggior parte dei casi, coesistono.

Pur condividendo con la Germania la sua natura di nazione tardiva d'Europa, l'Italia declina in modo diverso il senso della sua partecipazione alle relazioni internazionali. Come ulteriore premessa, va detto che l'Italia non definisce la sua politica estera secondo un'impostazione normativa. Pur attribuendo grande importanza al diritto internazionale e ai principi regolatori della convivenza e dell'integrazione, segue infatti categorie più eminentemente «politiche»: è questo un dato molto importante perché spiega la sua tendenza a privilegiare i rapporti e le collaborazioni governative, l'attenzione alle crisi e alla loro gestione e, se si vuole, anche la tendenza ad accettare i processi di integrazione in altri ambiti (come quello economico e monetario) come un male necessario. Spiega anche, infine, l'approccio italiano al multilateralismo, cardine essenziale della sua politica estera e, nello specifico, il suo ruolo nelle Nazioni Unite.

Il periodo apertosi con la crisi economica e finanziaria del 2008-2009, che ha generato una profonda lacerazione all'interno dell'Unione Europea, ha portato anche all'accentuazione delle divergenze tra i suoi Stati membri relative all'individuazione delle sfide da affrontare e delle priorità da perseguire. Si è delineata, se non nei fatti sicuramente nella percezione e rappresentazione collettiva, una distinzione tra Europa del nord ed Europa del sud, con un'ulteriore linea di distinzione tra paesi virtuosi e paesi meno allineati rispetto a criteri di finanza pubblica. Nel decennio 2008-2018 la sintonia tra Italia e Germania è apparsa minore, sia riguardo all'individuazione delle sfide che ai macro obiettivi da seguire. L'Italia, che ha pesantemente sofferto gli effetti depressivi della crisi, si è sentita chiamata sul banco degli imputati per la difficoltà di rispettare le regole del Patto di stabilità, senza ottenere al contempo un impegno dell'Unione per favorire la crescita economica e la lotta alla disoccupazione. Sempre l'Italia si è trovata a dover gestire problematiche *country-specific* o comunque legate a temi dell'Unione, come quello migratorio, rispetto alle quali ha faticato per ottenere un riconoscimento in sede comunitaria. In quello stesso periodo la Germania è stata assorbita da altre questioni, prima fra tutte quella del mantenimento delle regole fondamentali dell'Unione, che l'hanno portata ad assumere un atteggiamento apparentemente meno attento rispetto a quei paesi che domandavano maggiore flessibilità nelle regole economiche.

Oltre alle circostanze oggettive hanno pesato, in questo decennio, anche le asimmetrie tra le leadership dei due paesi: la Germania ha vissuto con la cancelliera Merkel un periodo di continuità e stabilità. L'Italia, al contrario, ha visto una rapida successione di governi e primi ministri (Berlusconi, Monti, Letta, Renzi, Gentiloni). Quest'asimmetria ha avuto un peso rilevante, rendendo il dialogo più difficoltoso e portando alla ricerca, soprattutto da parte tedesca, di interlocutori che non fossero limitati a un orizzonte di breve periodo. Ha inoltre favorito quelle forze politiche che, proprio puntando sulle difficoltà di un dialogo istituzionale, hanno sfruttato l'opposizione alla Germania e lo scetticismo verso l'Unione Europea per ottenere un seppur momentaneo consenso da parte di un'opinione pubblica particolarmente provata e reattiva.

La domanda che brutalmente ci si può porre è se le divergenze emerse o ampliatesi nel corso di quest'ultimo decennio rappresentino o meno un dato strutturale nelle relazioni tra i due paesi. La risposta, formulata in termini altrettanto brutali, è no: le divergenze e le incomprensioni registrate in questo tormentato decennio rappresentano dati congiunturali per due paesi che hanno una storia alle spalle. Ma le stesse divergenze strutturali, che il decennio post crisi ha accentuato, non rappresentano necessariamente un elemento distruttivo per i rapporti italotedeschi.

Una riflessione a parte la merita certamente il periodo 2018-2020, un arco temporale che però ingloba sia l'ultimo giro di boa della politica italiana sia la pandemia di Covid-19. Se il primo passaggio, come si è cercato di spiegare poc'anzi, può essere visto come un momento del tutto peculiare di riconciliazione tra i governi dei due paesi, il secondo rappresenta ancora un'incognita. Senza addentrarsi in uno sforzo predittivo che potrebbe apparire prematuro, si può tuttavia prendere atto del fatto che sia l'Italia che la Germania si sono ritrovate unite nell'individuare una via di uscita dalla crisi attraverso un'accelerazione del processo di integrazione e, nello specifico, con un potenziamento della dimensione di bilancio propria dell'Unione. In questo senso si può vedere il momento attuale come una conferma della tesi di fondo di questo libro, e cioè che nel momento del bisogno Italia e Germania si trovano allineate.

Vi è un'ultima divergenza strutturale che ha caratterizzato il recente passato e che potrebbe persistere, o addirittura accentuarsi, nel prossimo futuro: si tratta dell'asimmetria tra forze politiche. Di questa asimmetria si è avuto già modo di parlare, ma è opportuno soffermarsi su un aspetto specifico: quello, cioè, della sproporzione esistente tra il numero dei governi italiani e quello dei cancellieri tedeschi. Dal 1990 a oggi gli italiani hanno avuto tre interlocutori tedeschi: Helmut Kohl, Gerhard Schröder e Angela Merkel. Quest'ultima ha occupato ben quindici dei trent'anni di questa recente storia. Non è tanto il fatto che nello stesso arco di tempo l'Italia ha avuto dodici presidenti del Consiglio (il conto è delle persone e non dei governi che hanno presieduto), quanto il fatto che nell'ultimo quindicennio gli italiani si sono confrontati con una linea politica, che è certamente cambiata nel tempo, ma che presenta un'indubbia continuità. *Like it or not*, Merkel ha rappresentato per l'Italia una stella fissa nella costellazione della politica europea e internazionale. Quest'era sta per giungere al termine e mentre questo libro viene licenziato è in corso un passaggio di successione in seno alla CDU (Unione Cristiano-Democratica). In questo momento non è possibile prefigurare la futura leadership tedesca, ma si può certamente immaginare che il futuro sarà diverso, quanto meno per la difficile replicabilità dell'era Merkel. Pur senza poter prefigurare i futuri orientamenti della politica tedesca, quello che gli italiani devono fare è non dare per scontati alcuni assunti finora validi, in particolare l'impegno europeistico della Germania, quanto meno nei termini e nei modi in cui l'aveva impostato Angela Merkel.

Uno degli errori principali che molti amanti della Germania hanno compiuto, quasi sempre in buona fede, è stato quello di pensare che italiani e tedeschi siano uguali. Il breve excursus appena concluso forse ci permetterà di comprendere meglio che non solo italiani e tedeschi sono diversi, ma anche che vi sono tra loro delle divergenze strutturali. Ora, non è ben chiaro se il prossimo futuro vedrà un'accentuazione o una diminuzione di queste divergenze. Quello che però si può fare è spingere il rapporto italotedesco verso una maggiore «maturità». È forse giunto il momento di smettere di giocare su parallelismi e sintonie del dopoguerra, che pur nella loro importanza non colgono i risvolti, negativi ma anche positivi, del presente. Se si continua a utilizzare questi paradigmi si finisce per rimanere delusi ogni volta che questa sintonia non emerge o non risulta determinante. Ma cosa ancor peggiore, si finisce per non capire quali sono le ragioni che spingono *oggi* tedeschi e italiani a convergere.

Da qui la necessità di lavorare sia per ridefinire il nostro atteggiamento sia per comprendere meglio il nostro interlocutore. Poiché questo libro ha come principale destinatario il lettore italiano, il prossimo passaggio è proprio quello di ragionare su alcune caratteristiche dei tedeschi per come vengono immaginate dagli italiani e che in molti casi non corrispondono a verità.

3.

Breve trattato di psicologia tedesca

In una lettera del 12 ottobre 1870, l'allora segretario generale del Ministero degli Affari Esteri, Alberto Blanc, esortò Marco Minghetti a una politica estera più realista e più consona agli interessi di una Italia appena nata. Il diplomatico savoiardo spiegò all'ex presidente del Consiglio, ai tempi in missione a Vienna, che il nuovo paese doveva coltivare i suoi rapporti con la Germania, e abbandonare «les attaches du cœur» che l'avrebbero naturalmente indotto ad allearsi alla Francia. Nella sua lunga missiva, scritta per di più in francese, Alberto Blanc mise l'accento sulle «cose solide e sicure», sulla «scienza positiva» e sulla «produzione», piuttosto che sulla «alleanza delle razze latine».

È trascorso un secolo e mezzo dal telegramma del segretario generale del Ministero degli Esteri, e per quanto riguarda il rapporto dell'Italia con la Germania esso rimane incredibilmente d'attualità. Nonostante due guerre mondiali e la partecipazione di entrambi i paesi alla costruzione comunitaria, l'establishment italiano continua a essere attraversato da una vena antitedesca terribilmente pervasiva e pericolosa, le cui gradazioni di grigio si modificano solo impercettibilmente a seconda delle idee politiche, della regione di provenienza, dell'origine sociale e professionale, della cultura personale dei singoli. Un sondaggio dell'organizzazione demoscopica britannica YouGov ha rivelato all'inizio del 2020 che solo una minoranza di italiani sarebbe pronta a mostrare solidarietà, ossia ad aiutare finanziariamente la Germania, in caso di bisogno.

A prima vista, la moneta comune e le crisi economiche e finanziarie di questi ultimi due decenni hanno peggiorato i rapporti, creato nuova animosità e promosso nuove occasioni di nervosismo reciproco. Prevalgono spesso il sospetto, la prudenza, il pregiudizio. Le «attaches du cœur», come le chiamò Alberto Blanc, sono altrove. Gli italiani sono inaffidabili, sleali, disorganizzati, spendaccioni. I tedeschi sono ottusi, prevaricatori, violenti, egoisti. Insomma, mafiosi tutti gli italiani, nazisti tutti i tedeschi. Il paradosso si tocca con mano. Quanti paesi in Europa hanno in comune una storia così intrecciata? Quanti paesi subiscono le influenze dell'altro in modo così evidente? Eppure, le incomprensioni esistono. Al lettore propongo un viaggio nei meandri del pensiero tedesco, a costo di qualche generalizzazione che gli chiedo fin da ora di perdonare.

Una storia intrecciata

In Germania, l'eredità dell'antica Roma salta agli occhi. Le rovine archeologiche segnano il centro storico di Francoforte e di Colonia, così come quello di altre cittadine sulle rive del Reno o della Mosella. Lungo il Meno e il Danubio è facile scorgere ancora i resti del *limes* romano. A Treviri, la Porta Nigra si staglia a qualche centinaio di metri dalla cattedrale di San Pietro, costruita in stile barocco a metà del Settecento. In tutto il paese gli scavi archeologici sono centinaia. Nel cuore di molti tedeschi, l'eredità romana è motivo di orgoglio in un paese che tuttora esalta gli studi classici, imponendo l'apprendimento del latino e del greco. Fiero delle sue origini a Colonia, Konrad Adenauer raccontava che da giovane, nei suoi primi viaggi a sud delle Alpi, non esitava a dormire nelle sale d'aspetto delle stazioni ferroviarie, pur di non perdere tempo e visitare le antiche città italiane.

Nella seconda metà dell'Ottocento, sulla scia dell'unificazione tedesca e dell'avvento della Germania guglielmina, si impose il mito di Arminio, il guerriero che sconfisse le truppe romane guidate da Publio Quintilio Varo nella selva di Teutoburgo. *Die Hermannsschlacht* (in italiano, la battaglia di Arminio), la pièce teatrale scritta da Heinrich von Kleist, diventò ai tempi il simbolo di un nuovo nazionalismo tedesco. Nel 1875, nei pressi della città renana di Detmold, lo scultore Ernst von Bandel inaugurò dopo trent'anni di lavoro l'imponente statua del soldato germanico, 53 metri di altezza compreso il piedistallo. Doveva celebrare la vittoria dei germani contro i romani nel 9 d.C. Curiosamente, il monumento non è rivolto verso sud, ovvero verso l'Italia, ma verso sudest, in altre parole verso la Francia. Sulla base della scultura quest'ultimo paese è definito l'*Erzfeind*, l'arcinemico.

Mentre nell'antichità erano stati i romani ad attraversare le Alpi, nel Medioevo avvenne il contrario. Agli albori del Sacro Romano Impero, Carlo Magno fu incoronato imperatore a Roma. Ottone I fu il primo a incarnare una tangibile unità italotedesca: re di Germania nel 936, re d'Italia nel 952, imperatore nel 962. I sovrani tedeschi dovevano effettuare il viaggio in Italia – il *Romzug* – per ottenere la sacra legittimità e governare in Europa. Federico II preferiva il sole di Palermo alle nebbie di Norimberga. Promosse nuovi legami commerciali tra il sud della Germania e il nord dell'Italia, stabilizzò al di là delle Alpi l'uso del diritto romano e del diritto canonico e soprattutto lasciò in eredità alcuni dei più bei monumenti della penisola. Alla sua morte, l'influenza politica tedesca scemò lentamente. L'abitudine del *Romzug* scomparve alla fine del Quattrocento, salvo in occasione dell'incoronazione di Carlo V a Bologna per mano di Clemente VII, come tuttora ricorda una vecchia targa nel cortile di Palazzo d'Accursio. Da allora in poi l'incoronazione ebbe luogo a Francoforte. Ancora oggi nel palazzo comunale sulle rive del Meno la Kaisersaal, rimasta miracolosamente intatta da seicento anni, raccoglie i ritratti ottocenteschi di cinquantadue imperatori.

Fin dal Medioevo, l'Italia fu un paese di transito per i crociati che andavano a combattere in Terra Santa. I combattenti ne apprezzavano il clima e la cultura. L'abitudine proseguì nei secoli. Artisti, scrittori, musicisti cercarono in Italia quella serenità che non trovavano in una Germania politicamente instabile, sconvolta tra le altre cose dalla guerra dei

Trent'anni. Albrecht Dürer giunse a Venezia già nel 1494. Alla fine del Settecento Goethe fece del viaggio in Italia un pellegrinaggio d'obbligo per l'uomo di mondo, mentre Johann Joachim Winckelmann dette all'archeologia una nuova dimensione. Il pittore Friedrich Overbeck dipinse tra il 1811 e il 1820 *Italia und Germania*, un quadro allegorico di due donne che celebra l'amicizia tra i due paesi. In un articolo pubblicato nel 1980, lo storico Joachim Wieder offrì una spiegazione dello stretto rapporto culturale che i tedeschi coltivano con il loro vicino a sud delle Alpi:

> L'incontro e la dialettica con l'Italia hanno portato un aiuto decisivo nella ricerca di ordine e di chiarezza, di misura e di forma, di serenità e di Essere, dinanzi a un carattere germanico costantemente in divenire, senza riposo, teso verso l'infinito, il mistico e l'eterno.

Come in Italia, anche in Germania l'unificazione è arrivata tardi, soltanto nella seconda metà dell'Ottocento. Il confronto tra guelfi e ghibellini e la dominazione della penisola da parte di potenze straniere, a cominciare dalla Germania, spiegano certamente il ritardo italiano. Curiosamente, lo stesso ritardo tedesco ha forse una spiegazione legata all'Italia. Il coinvolgimento dei sovrani tedeschi negli affari italiani è avvenuto a detrimento della loro abilità nel controllare il proprio territorio a nord delle Alpi. Politicamente, lo sforzo richiesto nel gestire le terre italiane comportò un indebolimento della loro autorità in terra tedesca. D'altro canto, lo storico belga Henri Pirenne definì il Sacro Romano Impero «una anarchia a forma monarchica».

Lo scisma religioso

Vi è un evidente parallelismo tra i due paesi, storico e politico. Non tuttavia religioso. La Riforma protestante ha lasciato una impronta decisiva sull'anima germanica. Molti tedeschi furono affascinati dal pellegrinaggio italiano. Altri invece furono sciocati dalla decadenza morale di Roma e della Chiesa cattolica. Prima ancora della nascita di Lutero, nel 1458, il Reichstag approvò un documento intitolato *Gravamina nationis germanicae* (Rimostranze della nazione tedesca). Tra le altre cose, vi si leggeva che la curia romana era (mal) gestita da francesi, italiani e spagnoli, mentre era finanziata soprattutto dai tedeschi. Tempi diversi, ma nodi ricorrenti. Solo successivamente Martin Lutero affrontò di petto la Chiesa di Roma, denunciando la decisione di Leone X nel 1517 di vendere indulgenze per finanziare la costruzione di San Pietro. Il teologo pubblicò lo stesso anno le sue 95 tesi, che affisse sul portone della *Schlosskirche* di Wittenberg. Qualche anno dopo, sempre il frate agostiniano scrisse un pamphlet dedicato alla «nobiltà cristiana della Nazione Tedesca». Lo scisma è principalmente religioso, ma anche politico, come dimostra la presa di posizione del Reichstag già a metà del Quattrocento.

Lutero agì su un terreno fecondo. Anzi, contribuì a rafforzare l'etica pubblica. Il teologo riteneva che il cristiano vivesse in due realtà parallele: quella interna, ossia spirituale, e quella esterna, cioè sociale. La prima è strettamente personale, riguarda esclusivamente l'individuo, responsabile ultimo delle proprie scelte. Il ruolo della Chiesa in quanto struttura organizzata è limitatissimo. Il rapporto del singolo è direttamente con Dio. La seconda realtà, sempre secondo Lutero, è gestita dalle autorità civili, chiamate a garantire la pace politica. Nella dottrina protestante è compito dell'individuo contribuire alla conservazione dell'ordine sociale. Il paradosso è che in assenza di un'autorità papale, e per mantenere la disciplina anche in campo religioso, gli stessi duchi e principi dovevano diventare, agli occhi del frate agostiniano, i successori dei vescovi nel governare la Chiesa. La predica dal pulpito divenne quindi lo strumento per promuovere e rafforzare la responsabilità dei fedeli nel difendere l'ordine sociale e politico.

Lo scisma protestante ha avuto almeno tre conseguenze. Prima di tutto, la ricerca di ordine e di moralità si è tradotta in un profondo e radicato senso del dovere e di responsabilità personale. L'obbligo di agire secondo la legge e la morale non proviene solo dalla realtà interna, ossia dal rapporto dell'individuo con Dio, ma anche da quella esterna, vale a dire dal confronto con gli altri. Il perseguimento dell'ordine sociale, demandato all'individuo, si traduce in un controllo reciproco dei cittadini, che spesso purtroppo cade nella delazione. È facile che una persona protesti pubblicamente contro un passante che attraversa la strada con il semaforo rosso, o contro un vicino che non spazza via la neve sul marciapiede davanti a casa; o che addirittura denunci con tanto di telefonata alla polizia e foto della targa un guidatore che ha compiuto la malaugurata scelta di rispondere al cellulare mentre è al volante. Più che in altri paesi, l'interesse generale è fatto proprio dall'individuo.

In secondo luogo, la riforma protestante ha fatto sì che il laicismo tedesco – così come viene inteso in una moderna democrazia di stampo occidentale – sia assai più annacquato di quello francese e in parte anche di quello italiano. Il cancelliere federale presta giuramento invocando Dio in parlamento; le feste religiose sono giorni festivi; i congressi politici prevedono una pausa per la messa domenicale. In campo scolastico, il corso di religione è sancito dalle norme regionali e impartito da un sacerdote, mentre nelle università i corsi di teologia vengono seguiti anche da chi non opterà per la carriera ecclesiastica. Le differenze saltano agli occhi rispetto alla Francia, un paese nel quale la separazione tra Stato e Chiesa è rivendicata da tutta la classe politica e l'uso di simboli religiosi nella vita pubblica è regolamentato con pignola precisione, oltre che segnato da infuocate polemiche.

Infine, a differenza dell'Italia, la Germania è un paese realmente multireligioso. A quattro secoli dalla guerra dei Trent'anni, il confronto tra protestantesimo e cattolicesimo rimane acceso. Numericamente le due comunità si equivalgono: 21 milioni i primi, 23 milioni i secondi. Le statistiche sono in parte fuorvianti. Il numero dei fedeli dipende dalla registrazione all'anagrafe. Non tutti i protestanti e i cattolici si registrano in quanto tali, perché da ciò dipende il pagamento della *Kirchensteuer*, una tassa prelevata dall'ufficio delle imposte regionale che andrà a finanziare le istituzioni ecclesiastiche. Mentre i protestanti sono più numerosi nel nord del paese, i cattolici si concentrano in Baviera, nel Baden-Württemberg, nella Renania-Palatinato, nel Saarland e nel Nord Reno Westfalia. Inoltre, la Repubblica Federale Tedesca conta poco meno di cinque milioni di musulmani, 95 mila ebrei, e un numero importante di atei e agnostici.

Nei primi anni di questo secolo, il presidente del Zentralrat der Muslime, una delle più importanti organizzazioni islamiche di Germania, era un cittadino tedesco, convertito all'islam dopo essere stato battezzato protestante. Quando chiesi di incontrarlo nel 2006, Ayyub Axel Köhler mi ricevette nel suo appartamento di Colonia, una delle capitali della Germania cattolica. In un angolo del salone troneggiava un samovar, e sua moglie di origine turca aveva preparato dei baclava. Entrambi erano stati molto accoglienti. Nato nel 1938 a Stettino, l'uomo si era dato un compito: sfatare il mito di un paese segnato esclusivamente da «una cultura giudeo-cristiana», secondo l'espressione comune. «Come è possibile – mi disse – ignorare i milioni di musulmani che abitano in Germania e che in alcuni casi sono immigrati di terza o addirittura quarta generazione?». Il rapporto tra preti, pastori, imam e rabbini anima il dibattito pubblico e influenza l'etica nazionale. I tedeschi possono essere profondamente laici nei comportamenti ed estremamente tolleranti nei costumi, ma non sono né cinici né dissacranti. In fondo, anche in campo religioso la concorrenza fa bene alla morale.

«L'ordine è metà della vita»

Nel Nord Europa, il rispetto delle regole è ben radicato. La caratteristica è emersa chiaramente in questi anni di moneta unica e di crisi economica, soprattutto sul fronte delle finanze pubbliche. Riflette tuttavia, volta per volta, motivi diversi. In Belgio, la norma – applicata in qualche caso in modo sorprendentemente ottuso – è un nuovo esperanto nell'insolita coabitazione di due culture e due lingue: i fiamminghi e i valloni. In Olanda, il rigido rispetto delle regole è dettato dalla necessità di assicurare una convivenza ordinata su un territorio densamente popolato e alla mercé del mare: «Quale i Fiamminghi tra Guizzante e Bruggia, temendo 'l fiotto che 'nver lor s'avventa, fanno lo schermo perché 'l mar si fuggia», scrive Dante nel quindicesimo canto dell'*Inferno*. In Inghilterra la ragione è spesso la stessa, anche se sospetto che dietro a molte abitudini si nasconda ormai una elevata dose di autocompiacimento nazionale per la propria originalità. In Germania, lo vedremo in modo più approfondito, il rispetto della legge serve più che altro a dare certezza e a sconfiggere l'*Angst*, una surrettizia angoscia esistenziale.

La perenne ricerca dell'ordine ha certamente un'impronta religiosa. Con Immanuel Kant ottiene anche una legittimità più laica. Il filosofo ha fatto del dovere il principio fondamentale della moralità. D'altro canto, nel dizionario dei detti tedeschi, l'ordine è protagonista: «Dio ama l'ordine»; «L'ordine mantiene il mondo»; «L'ordine aiuta il governo della casa»; «L'ordine è metà della vita». I soldati di Napoleone non nascondevano la loro ammirazione per la tecnica di marcia delle truppe prussiane: esattamente 90 passi al minuto, un ritmo che rallentava a 70 passi al minuto, con matematica precisione, all'avvicinarsi delle postazioni nemiche. Gustave Flaubert, nel suo *Dictionnaire des idées reçues*, scrive a proposito della Germania: «Toujours précédé de blonde, rêveuse. Mais quelle organisation militaire!». Lo stesso Kant viveva a Königsberg una vita programmata al minuto. Il filosofo si svegliava ogni giorno alle 5, alle 7 si recava in università, lavorava dalle 9 alle 13. Alle 3:30 del pomeriggio lasciava il proprio ufficio e percorreva la Linden Allee avanti e indietro esattamente sette volte, non una di più, non una di meno. Alle 10 di sera si coricava. Più in generale, e senza scomodare Kant, si legge sui cartelli stradali l'invito di *einordnen*: una intimazione più che un suggerimento, che impone al guidatore di incanalarsi in una corsia senza se e senza ma, a seconda della sua destinazione. I tedeschi, lo hanno dimostrato in varie circostanze, sono i maghi della logistica. In buona sostanza, e probabilmente con ragione, all'ordine si tende ad attribuire efficienza organizzativa, benessere economico, successo personale. Al tempo stesso, proprio il senso dell'organizzazione contribuisce talvolta a una malcelata arroganza.

Il concetto di ordine è strettamente legato a quello di autorità. Erich Kästner, l'autore di *Emilio e i detective*, amava dire: «I tedeschi non credono in ciò che vedono, ma nell'orario dei treni». La battuta corrosiva contiene un fondo di verità. Nello stesso modo, Werner Rautenberg, storico interprete dall'italiano di Konrad Adenauer, notava che la parola *Amt*, ossia «ufficio», si scrive con la iniziale maiuscola in tedesco, come tutti i sostantivi, ma che i tedeschi, se potessero, scriverebbero AMT. In Germania c'è un profondo rispetto per l'autorità, che spesso si traduce in forme più o meno sorprendenti di ubbidiente irregimentazione. Fino all'ultimo i soldati tedeschi combatterono durante l'ultima guerra, nonostante la sconfitta fosse inevitabile. Avevano giurato fedeltà al Führer ed era inconcepibile per molti di loro tradire la sua autorità, almeno finché fu in vita. In un libro del 2016, *Kind, versprich mir, dass du dich erschießt. Der Untergang der kleinen Leute 1945*, lo storico Florian Huber calcolò che 53 generali su 554 seguirono l'esempio di Adolf Hitler togliendosi la vita, imitati da migliaia di altri tedeschi. Qualche anno prima, nel 1896, il Kaiser Guglielmo II aveva detto: «Il soldato non deve avere una volontà propria. Tutti i miei uomini devono avere una sola volontà: la mia».

Il rispetto è riservato anche all'autorità intellettuale. Nel paese dei *Dichter und Denker*, dei poeti e dei pensatori, i professori universitari non esiteranno a moltiplicare sulla loro carta intestata o sul campanello di casa il titolo di *Doktor* a seconda del numero di dottorati ottenuti. Lo stesso titolo ha diritto di essere stampato anche sulle carte d'identità. Qualche anno fa alcuni importanti esponenti del governo federale furono costretti a dimettersi, accusati di plagio nel redigere la loro tesi di dottorato; nel frattempo in Italia imbellire capziosamente il proprio curriculum vitae non impediva ad alcuni di iniziare una carriera pubblica ai vertici del paese. Della stessa riverenza gode l'insegnante e più in generale lo specialista, sia esso un medico, un avvocato o un artigiano. In Germania lo studio scolastico o universitario è come in Francia il percorso obbligato di una aristocrazia del merito, ma privilegia nozioni e specializzazione più che analisi ed eloquenza. Mi tornano in mente le parole di un amico, un imprenditore tedesco di mezza età: «Il mio obiettivo non è di trasmettere ai figli l'azienda, ma di dar loro la possibilità di studiare perché vivano la loro vita al meglio». Un diploma è più importante di una eredità.

Malgrado le recenti riforme per liberalizzare i lavori artigiani, anche i lavoratori manuali continuano a incutere naturale rispetto, se non altro perché garantiscono stabilità e facilitano la vita quotidiana. Qualche anno fa ad Angela Merkel fu chiesto che cosa descrivesse meglio la Germania. «Una finestra», rispose la cancelliera, riferendosi alla tenuta degli infissi, alla precisione della serratura, all'impermeabilità dei doppi vetri e più in generale all'affidabilità dell'industria tedesca. Scrisse Theodor Fontane in una nota poesia:

> Gaben, wer hätte sie nicht?
> Talente – Spielzeug für Kinder.
> Erst der Ernst macht den Mann,
> Erst der Fleiss das Genie.
>
> Doni, chi non ne ha?
> Talenti – semplici giocattoli per bambini.
> Solo la serietà fa l'uomo,
> Solo l'applicazione fa il genio.

Inaspettatamente l'ordine, assicurato dal rispetto della legge e dalla prevedibilità dei comportamenti, può diventare quasi una droga. Di fronte all'imprevisto, il tedesco avrà difficoltà ad adattarsi. Un caso di scuola è quello del guidatore che deve lasciare spazio a una ambulanza che arriva a sirene spiegate. Sarà lento ad accettare l'inevitabile: bruciare un semaforo o salire su un marciapiede. Il più delle volte l'autista dell'ambulanza o dell'auto della polizia sarà costretto ad armarsi dell'altoparlante di cui è dotato il veicolo per autorizzare il guidatore a lasciargli libera la strada. L'arte dell'improvvisazione è scarsamente praticata, persino durante il Carnevale quando una certa spontaneità dovrebbe prevalere. Invitandomi all'ultimo minuto a mangiare un boccone, un amico mi disse, quasi a volersi giustificare, che il suo invito era «ganz spontan!». Nella notte dell'ultimo dell'anno le famiglie hanno l'abitudine di sistemarsi sul marciapiede di fronte a casa, dove fanno scoppiare disciplinatamente petardi e fuochi d'artificio. Gli orari sono prefissati, il divertimento inquadrato.

Nello stesso modo, l'organizzazione deve essere fluida e impeccabile, nel pubblico come nel privato. Responsabile di un eventuale intoppo, il povero malcapitato reagirà in prima battuta con incredulità e magari con un pizzico di arroganza; controllando poi il panico che starà montando rapidamente, cercherà di porre rimedio al problema malcelando un evidente imbarazzo. La vicenda del nuovo aeroporto di Berlino, inaugurato con dieci anni di ritardo dopo almeno sei rinvii causati da difetti nell'impianto antincendio, è un caso da manuale. Lo stesso è avvenuto con l'innovativo pedaggio via satellite Toll Collect, la cui entrata in vigore è stata rinviata più volte, o con il cablaggio difettoso dell'Airbus A380 che ha rallentato la messa in vendita del nuovo aereo. Anche nell'inefficienza la Germania si dimostra terribilmente efficiente. Notava Charles de Gaulle in un volume del 1924, *La discorde chez l'ennemi*, che la forte autonomia dei diversi corpi d'armata tedeschi permise alla Reichswehr di guadagnare rapidamente terreno nei primi mesi della grande guerra, ma che sulle rive della Marna l'esercito fu lento nell'organizzare le truppe, perdendo l'occasione di lanciare l'assalto finale su Parigi.

Doveri e diritti

Al rispetto delle regole contribuisce il senso del dovere, certamente segnato da una connotazione religiosa. Tra le vecchie generazioni, quelle che hanno vissuto nella prima parte del Novecento, è spesso usata un'espressione autoironica risalente al periodo del Secondo e Terzo Reich: «Das ist meine verdammte Pflicht und Schuldigkeit» (Questo è il mio dannato dovere e responsabilità). In particolare nella società luterana, le lapidi nei cimiteri sono degli inni alla persona deceduta. Di recente, mi sono imbattuto in questa poesia pubblicata in un necrologio sul giornale:

Stets einfach war dein Leben,
du dachtest nie an dich
Nur für die Deinen streben,
hieltest du für Glück und Pflicht.

La tua vita è stata sempre semplice
Non hai mai pensato a te stesso
Ti sei impegnato solo per i Tuoi
Pensando alla fortuna e al dovere.

L'avvento della democrazia ha portato con sé anche nella società tedesca cambiamenti evidenti nel rapporto tra il singolo e la comunità, tra l'individuo e l'autorità. La Repubblica Federale non è il Reich descritto nelle sue memorie da Franz von Papen, contrassegnato dalla «tradizione monarchica dell'autorità, dell'obbedienza e del senso del dovere». Alle classiche virtù tedesche di impronta guglielmina – vale a dire l'affidabilità, la credibilità, la precisione – si sono aggiunte dopo la guerra anche l'indipendenza di giudizio, la libertà di espressione, lo spirito di iniziativa. I diritti sono diventati onnipresenti e imprescindibili, come in qualsiasi democrazia occidentale, ma a differenza che in Italia non vivono di vita propria: il diritto esiste nella misura in cui è il contraltare di un dovere. Chi per disattenzione lascia la propria vettura aperta, rischia un richiamo della polizia, se non addirittura una multa. Certo, nel caso di furto dell'automobile, il conducente ha diritto al risarcimento dell'assicurazione, ma ha sempre il dovere di comportarsi da buon padre di famiglia.

Nel 1845 il medico francofortese Heinrich Hoffmann pubblicò il suo *Pierino Porcospino*, un famoso libro per bambini nel quale, attraverso storielle e disegni, l'autore descrive le nefaste conseguenze a cui andrà incontro chi disubbidisce e non fa il proprio dovere. A chi vive in Germania capiterà spesso di notare sui marciapiedi, accanto a libri o ad altri oggetti, un cartello che autorizza il passante ad appropriarsi del materiale senza pensare che lo stia rubando, liberando così anche l'occhiuto vicino dall'incombenza di denunciare un possibile furto. Più in generale, violare la legge è più pericoloso che in altri paesi europei: i rischi di essere smascherati e denunciati sono elevati. Ciò è vero soprattutto a livello individuale, meno forse quando la violazione della legge è strutturale e collettiva. Lo scandalo della casa automobilistica Volkswagen, accusata di avere truccato i propri motori per farli apparire più ecologici di quanto non fossero, è una clamorosa vicenda che riflette in una violazione tanto sistematica quanto efficiente della legge incredibili forme di rispetto dell'autorità e di ubbidienza alle istruzioni.

Agli occhi dei tedeschi fare il proprio dovere rassicura e contribuisce alla felicità di un individuo. Diceva nel 1962 Konrad Adenauer: «La felicità non consiste nel grande successo o nell'assicurare ciò che è stato raggiunto. La felicità consiste unicamente nell'adempiere al proprio dovere e nel difendere ciò che si pensa sia giusto, anche se si è sconfitti». D'altro canto Marco Balzano, in un volume recente intitolato *Le parole sono importanti*, spiega che l'aggettivo *felix* in latino ha la stessa radice di *fecundus*. Si è felici quando si crea. Le parole del cancelliere gettano nuova luce sul sostantivo *Gemütlichkeit*. Pressoché intraducibile, è *gemütlich* quel sentimento tutto tedesco di pace dei sensi, di soddisfazione di sé, di atmosfera accogliente e calorosa. Presuppone tanto una condizione fisica quanto uno stato emotivo, dettato appunto dall'aver fatto il proprio dovere.

«Il presente non esiste»

Il *Viaggio in Italia* di Goethe è un inno alle bellezze artistiche e alle particolarità naturali della terra «dove fioriscono i limoni», ma è anche una analisi rigorosa dell'anima italiana, e inevitabilmente delle differenze con la Germania. Nei suoi soggiorni a Roma o a Napoli, il viaggiatore non può fare a meno di descrivere la sontuosità dei palazzi, la magnificenza delle piazze e delle vie, il fascino delle rovine antiche. Al tempo stesso, mette l'accento su alcune scomodità della vita quotidiana e in particolare sul fatto che le case sono terribilmente fredde d'inverno. Certo, le sale sono dotate di grandi caminetti di marmo, spesso splendidamente decorati, ma manca la legna da ardere con cui riscaldare gli ambienti. Goethe ne approfitta per fare un confronto tra tedeschi e italiani. La gente del nord, scrive il poeta, «non ha da preoccuparsi soltanto del giorno e dell'ora immediati, ma nei giorni belli e sereni deve pensare a quelli brutti e grigi e nell'estate deve provvedere all'inverno». Il popolo del sud, invece, non ha la stessa preoccupazione, o comunque è meno urgente.

Postoché – continua Goethe nel suo racconto italiano – è la natura stessa che al Nord obbliga l'uomo a far scorte e a prendere disposizioni, che induce la massaia a salare e ad affumicare cibi per non lasciare sfornita la cucina nel corso dell'anno, mentre il marito non deve trascurare le riserve di legna, di grano, di foraggio per le bestie e così via, è inevitabile che le giornate e le ore più belle siano sottratte al godimento e vadano spese nel lavoro. Per mesi e mesi si evita di stare all'aperto e ci si ripara in casa dalla bufera, dalla pioggia, dalla neve e dal freddo; le stagioni si succedono inarrestabili, e l'uomo che non vuol finire malamente deve per forza diventare casalingo. Non si tratta infatti di sapere se vuole fare delle rinunce: non gli è consentito di volerlo, non può materialmente volerlo, dato che non può rinunciare; è la natura che lo costringe ad adoperarsi, a premunirsi.

Le considerazioni di Goethe rivelano molto della società tedesca e soprattutto della concezione che essa ha del tempo. Mentre in Italia l'individuo si gode il presente e tende a rinviare decisioni e scelte, fedele all'espressione romana *carpe diem*, il tedesco ha lo sguardo rivolto al futuro (incredibilmente, la stessa gioia dell'attesa è la più bella delle gioie. Dice un detto: «Vorfreude ist die schönste Freude»). So che alcuni lettori potrebbero ricordarmi che gli italiani hanno un elevatissimo tasso di risparmio, ma ribatterei loro che non è tanto un salvagente per il futuro quanto il riflesso di uno storico scetticismo nei confronti dell'autorità e forse anche di una malsana tendenza all'evasione fiscale.

Abbiamo notato molte volte la propensione dei tedeschi a guardare al futuro più che al presente in questi anni di recessione. Quando si trattava di aiutare finanziariamente un partner in difficoltà o di sostenere l'economia nazionale, politici ed economisti al di là delle Alpi mettevano l'accento non tanto sull'urgenza del presente, quanto sui risvolti nel futuro, per esempio puntando il dito contro i rischi di inflazione. Dice Mefistofele in un'altra opera di Goethe, il *Faust*: «Das erste steht uns frei, beim zweiten sind wir Knechte» – solo il primo passo è libero, dal secondo si è schiavi. Le conseguenze di un tale atteggiamento sono evidenti: a furia di guardare lontano, il tedesco rischia di non accorgersi del pericolo imminente. Al tempo stesso, c'è da chiedersi quanto questa abitudine lo metta al riparo – almeno in parte – dalla minaccia di un mondo digitale votato all'immediatezza, nel quale la capacità di concentrazione rischia di essere quella di un pesce rosso (che è di otto secondi), secondo lo studioso francese Bruno Patino, autore di *La civilisation du poisson rouge*.

Più in generale, il tedesco è convinto che il futuro non sia necessariamente in grembo a Giove, imprevedibile e casuale; è ritenuto piuttosto l'unico spazio temporale che può essere modellato, a fronte di un presente per sua natura sfuggente e inafferrabile e di un passato ormai trascorso. L'atteggiamento è costruttivo, responsabile, ma anche impegnativo e forse soffocante. «L'incredibile spensieratezza» degli italiani, sempre notata da Goethe, non è condivisa dai tedeschi. Non a caso la Germania è il paese delle polizze assicurative. Ce ne sono per tutti i gusti e per tutte le evenienze. La più rivelatrice è il contratto che assicura contro i rischi di cause giudiziarie. In questo senso, i rapporti assicurativi servono a costruirsi un futuro, non semplicemente a premunirsi contro un destino sfortunato.

Troppo spesso attribuiamo la paura atavica dell'inflazione, che tuttora domina il dibattito pubblico in Germania, all'esperienza degli anni venti del Novecento. Certo le banconote senza valore, caricate a palate sulle carriole, sono rimaste nella memoria nazionale, ma le radici sono altre. Nello stesso modo in cui il contratto assicurativo diventa uno strumento per arginare l'imprevisto e preparare l'avvenire, la *Stabilitätskultur* è propedeutica a dare concretezza alle proprie ambizioni e ai propri desideri. L'inflazione bassa serve a programmare il futuro, sia esso la formazione universitaria dei figli, un investimento produttivo in una azienda, o semplicemente il pagamento delle rate di un mutuo. Sempre Goethe diceva: «Wer vorsieht, ist der Herr des Tages», chi prevede è il signore del giorno.

Curiosamente, l'anima tedesca oscilla tra la straordinaria capacità di innovare, per via della naturale predisposizione del paese a preparare il futuro, e un colpevole conservatorismo provocato da un ferreo rispetto delle regole. Federico il Grande fu lento ad accorgersi delle potenzialità dell'artiglieria. In prima battuta, la nuova arma era per il re filosofo soltanto «un pozzo di spesa». Solo successivamente ne comprese i benefici, e a quel punto l'adattò rapidamente alle esigenze delle battaglie dell'epoca. L'artiglieria a cavallo, come fu poi sviluppata dall'esercito prussiano, contribuì non poco persino ai successi militari di Napoleone. Un altro Hohenzollern, Gugliemo II, accolse alla fine dell'Ottocento la creazione della prima automobile per mano di Karl Benz e Gottlieb Daimler con una frettolosa alzata di spalle: «Io credo al cavallo. L'automobile è solo un fenomeno temporaneo».

Un popolo emotivo

Dopo essere cresciuto in Ungheria e prima di stabilirsi negli Stati Uniti, Sándor Márai trascorse un periodo nella Berlino degli anni venti. Fu un momento eccitante, che raccontò in un libro di memorie, *Confessioni di un borghese*, tanto controverso da dover essere rivisto dallo scrittore perché fosse approvato dalla censura. L'autore ungherese non si lasciò trarre in inganno dalle apparenze, e nell'osservare i tedeschi notò un paradosso:

Mi convinsi – scrive Sándor Márai – che la Germania fosse la patria dell'ordine, così come mi era stato insegnato a casa e a scuola. In effetti nei musei, nelle stazioni ferroviarie, ma anche nelle case private regnava un ordine impeccabile. Un ordine che in compenso non esisteva nell'animo dei tedeschi, in cui regnava una oscurità pervasa da una fitta bruma di pulsioni infantili, di miti sanguinosi impuniti e inespiati.

Ordine delle cose, disordine nelle menti? Come sarebbe possibile nel paese di Hegel e di Schopenhauer, di Kant e di Leibniz? «L'impero dei mari è agli inglesi, quello della terra ai francesi, quello dell'aria ai tedeschi», diceva Johann Paul Friedrich Richter. Aria, in questo caso, è sinonimo di pensiero e di dialettica. Ancora più efficace è stata Germaine de Staël in *De l'Allemagne*:

> In Germania bisognerebbe dare un centro e dei confini a questa eminente facoltà di pensare che si eleva e si perde nella vaghezza, penetra e sparisce nella profondità, si neutralizza a forza di imparzialità, si confonde a forza di analisi.

Al pensiero tedesco non manca l'abilità di ragionare. Basta leggere un quotidiano, ascoltare un telegiornale, leggere un discorso politico per apprezzare l'abitudine a dissecare le questioni più ostiche, a districare i nodi più stretti, come un biologo al lavoro con un microscopio. Eppure quante volte a furia di valutare, analizzare, soppesare, il tedesco perderà di vista l'essenziale, si convincerà di un pericolo all'orizzonte senza vedere la cresta di un burrone a qualche metro di distanza? Per mesi se non anni, nel decennio scorso, la Germania osteggiò un aiuto comunitario alla Grecia, in crisi finanziaria, per paura di promuovere forme di alea morale, finché a un certo punto dovette arrendersi. Molti osservatori sono convinti che l'atteggiamento del paese ha paradossalmente aumentato il costo del salvataggio ai danni del Tesoro tedesco.

La stessa lingua tedesca è uno straordinario meccano verbale, ma anche uno sfrenato valzer di incastri da provocare le vertigini. *Stellen* vuol dire posare ma, cambiando il prefisso, il significato cambia radicalmente: *be-stellen* significa ordinare, *dar-stellen* rappresentare, *er-stellen* fabbricare, *ein-stellen* assumere, *auf-stellen* piantare, *ab-stellen* reprimere. Sempre Sándor Márai scrive nelle sue memorie giovanili che una sua parente, zia Julie, «mi condusse involontariamente verso la chiarezza dei popoli latini, finché cominciai a intuire che esisteva una cultura più logica, più semplice e più spregiudicata di quella tedesca, nella cui gabbia ero cresciuto». Agli occhi dello scrittore mitteleuropeo, nato suddito dell'Impero austro-ungarico nel primo anno del Novecento, la filosofia tedesca apparve improvvisamente troppo romantica, verbosa, forse anche inconcludente, comunque lontana dalla concretezza e dal pragmatismo della sua controparte latina, degli scritti di Montaigne, Descartes e Voltaire, per non parlare di Vico e Machiavelli. Guido Piovene, nel suo *Viaggio in Italia* pubblicato a cavallo tra gli anni cinquanta e sessanta, definisce il Mezzogiorno, e Napoli in particolare, «razionale, quasi razionalista». Alla ricerca della chiave per capire il mondo, il tedesco rischia di perdersi per strada. Alla ricerca dell'interezza, rischia di non cogliere l'essenziale.

In molti commentatori, gli ultimi anni di crisi economica e finanziaria hanno rafforzato il pregiudizio secondo cui il popolo tedesco è freddo, insensibile, calcolatore, addirittura spietato. Influenzata ancora oggi dagli eventi della seconda guerra mondiale e dall'uccisione cruenta di milioni di ebrei durante il conflitto, l'impressione si è rivelata, se non sbagliata, almeno incompleta. Nella vita quotidiana, i tedeschi possono apparire intransigenti quando si tratta di rispettare le regole e garantire l'ordine, ma nel contempo sono *sentimental*, come direbbero gli inglesi. Non sentimentali, che in italiano ha una connotazione spesso negativa, ma emotivi. Helmut Schmidt, cancelliere negli anni settanta, era convinto che i tedeschi fossero «più sensibili alle emozioni» di altri popoli.

Proprio l'emotività indusse la Germania a flirtare con l'ipotesi di espellere la Grecia dall'unione monetaria un decennio fa. Agli occhi di numerosi tedeschi, il paese aveva mentito sullo stato dell'economia, truccato i conti pubblici, ingannato i suoi partner. «Noi vi diamo la grana, voi ci date Corfù», aveva sintetizzato il quotidiano popolare «Bild» in una frase rimasta celebre. La stessa emotività ha convinto la Germania a mostrare cuore nei confronti dei suoi vicini meridionali. Dopo avere osteggiato per due decenni qualsiasi mutualizzazione dei debiti pubblici in un assetto ancora confederale, Berlino ha accettato nel 2020 di sottoscrivere debito comunitario per creare un nuovo volano europeo. Consentendo alla Commissione europea di indebitarsi sui mercati, i tedeschi vogliono salvaguardare il mercato unico e approfittare della grave recessione per rilanciare la loro politica industriale. Tuttavia, faremmo loro un torto nell'attribuire la conversione solo a motivi opportunistici. Vi sono anche ragioni emotive e umanitarie. Molti in Germania sono rimasti genuinamente scioccati dalla drammatica crisi sanitaria che ha colpito l'Italia o la Spagna. Le immagini rimbalzate dagli ospedali di Bergamo o di Barcellona sul *Heute Journal* serale della rete televisiva ZDF hanno lasciato il segno. In fondo, lo stesso sentimento animò il paese nel 2015 quando accolse centinaia di migliaia di rifugiati dal Vicino Oriente. Accusare la Germania di opportunismo perché voleva assicurarsi manodopera a buon mercato e magari arginare l'invecchiamento della popolazione è ingiusto, oltre che miope. Molti tedeschi avevano ancora negli occhi le immagini dei loro *Vertriebenen*, i profughi della Prussia Orientale in fuga dall'Armata Rossa, celebrati da Günter Grass ne *Il passo del gambero*.

La musica ha un innegabile effetto romantico sull'anima tedesca. Basta assistere a un concerto in un teatro, ma anche a una qualsiasi esibizione per strada. Ogni anno il Conservatorio Hoch di Francoforte, fondato nel 1878, pubblica una lunga e precisa lista delle donazioni ricevute. Anche le più modeste hanno diritto di essere pubblicate. La vittoria di una giovane cantante, Lena Meyer-Landrut, al Festival dell'Eurovisione nel 2010, suscitò incredibili manifestazioni popolari. Su tutt'altro registro, mi ricordo ancora di come nel 2002 molti francofortesi parteciparono, scioccati e composti, ai funerali di Jakob von Metzler, il giovanissimo discendente di una nota famiglia locale rapito e ucciso da uno studente universitario. Fuori dalla Katharinenkirche, sulla Hauptwache, centinaia di concittadini, molti vestiti a lutto, seguivano in silenzio la cerimonia che si svolgeva all'interno della più grande chiesa luterana della città.

Nelle sue memorie uscite nel 1946, intitolate *Il pianista*, il compositore ebreo polacco Władysław Szpilman racconta del suo incontro con Wilm Hosenfeld, ufficiale della Wehrmacht che lo aiuterà a sopravvivere nella Varsavia devastata impietosamente dalle truppe naziste durante la seconda guerra mondiale. In omaggio all'aiuto e in segno di riconoscimento, il giovane artista, denutrito e indifeso, suonò al pianoforte le sonate di Chopin, carpendo l'emozione del suo benefattore. Il capitano Hosenfeld non è tanto la faccia buona della Germania rispetto a quella violenta hitleriana, quanto il volto emotivo, romantico, e anche ingenuo di un intero paese. In fondo, anche l'avvento del nazismo fu a suo modo il riflesso dell'emotività tedesca. Dietro l'innegabile tendenza all'irreggimentazione, vi è un popolo ostaggio delle sue emozioni, inquieto per natura, spesso impulsivo, alla disperata ricerca di un ordine rassicurante.

Proprio il sentimento di *Angst* spiega il perseguimento dell'ordine, l'importanza delle regole, il bisogno di prevedibilità, ma anche la difficoltà talvolta a controllare le proprie emozioni e a concentrare la propria analisi. Nel 1844, in un libro intitolato *Il concetto dell'angoscia*, Søren Kierkegaard attribuisce l'angoscia esistenziale alla difficoltà per un essere umano di esercitare la libertà che gli è stata attribuita, o che ha ottenuto, al momento del peccato originale. Da allora l'esistenza non è più necessità, ma possibilità. Un nuovo stato d'animo che non può che causare incertezza. Ma perché l'emotività sembra attanagliare i popoli germanici più di quelli latini? Nel suo *Viaggio in Italia*, Goethe insiste nel sottolineare le differenze di clima tra nord e sud, a cui attribuisce una diversa concezione del tempo sui due lati delle Alpi. Lo stesso clima potrebbe spiegare anche l'inquietudine tedesca, influenzata da giornate corte e notti uggiose, propizie alla meditazione e allo studio, ma anche alle preoccupazioni e alle angosce, a un pensiero senza un centro e senza confini, per usare le parole di Madame de Staël. In *De origine et situ Germanorum*, Tacito descrive una regione «irta di foreste», inospitale e misteriosa, «dal suolo squallido, di clima rigido, triste ad abitarsi e a vedersi». Il letterato romano nota che i germani «non contano il numero dei giorni, ma piuttosto quello delle notti [...] convinti che sia la notte a portare dietro di sé il giorno».

Gli alberi

In nessun altro paese europeo l'incidente nucleare di Fukushima nel 2011 destò così tanta paura come in Germania. Il paese decise dall'oggi al domani di abbandonare l'energia nucleare. Dietro alle veementi risposte ambientaliste provocate dalla vicenda giapponese, c'è un modo molto particolare di interagire con la natura, diverso che in altri paesi europei. L'atteggiamento è visibile soprattutto nei primi giorni di primavera: parchi e campagne si riempiono di gente. In tedesco si può *laufen* (camminare), *spazieren* (passeggiare) e soprattutto *wandern* (tradotto dal dizionario con «camminare» o meglio «vagare»). Non c'è popolo che ami così tanto affrontare la natura, spoglia e selvaggia, vagando per ore a piedi o in bicicletta, forse anche per reazione ai lunghi inverni continentali trascorsi in casa. *Wanderungen durch die Mark Brandenburg* è il titolo di un libro di Theodor Fontane. *Wanderer-Fantasie* è il nome di una composizione per pianoforte di Franz Schubert. Nei *Wanderer*, nei camminatori, c'è il desiderio di sport, di libertà, di spazio, di silenzio in un paese che è dopotutto «una immensa pianura volta a unire i popoli più che a dividerli», come osservava Paul Claudel, console francese a Francoforte e ad Amburgo all'inizio del Novecento.

I primi versi del poema ottocentesco *Abschied*, di Joseph von Eichendorff, sono dedicati alla foresta tedesca: *O schöner, grüner Wald, Du meiner Lust und Wehen* (O bella, verde foresta, Tu la mia gioia e il mio tormento). All'inizio del decennio scorso, il Deutsches Historisches Museum di Berlino ospitò una mostra intitolata: *I nostri alberi. I tedeschi e la foresta*. L'improbabile esposizione raccontava il rapporto del paese con i propri boschi, spaziando dalla letteratura al tempo libero, dalla criminalità all'arte, dal nazismo alla cinematografia. Più recentemente l'ingegnere forestale Peter Wohlleben ha pubblicato un libro che ha avuto un enorme successo, tradotto in una ventina di lingue: *La vita segreta degli alberi*.

Ogni dieci anni la Germania effettua un censimento degli alberi. Non semplicemente degli alberi monumentali o di notevole interesse, come in altri paesi. Di tutti gli alberi. Come spesso in tedesco, l'immane operazione ha un nome specifico: è il *Bun-*

deswaldinventur. L'obiettivo è di conoscere accuratamente lo stato delle foreste e dei boschi, l'evoluzione delle piante e delle diverse specie, la salute del territorio. Il primo censimento risale al 1986, il più recente è avvenuto nel 2012. Nella pratica, l'inventario è stato effettuato da 60 squadre di uomini e donne, armati di computer, strumenti di misurazione a ultrasuoni e relascopi (speciali apparecchi inventati dallo scienziato forestale austriaco Walter Bitterlich nel 1984 che servono a misurare l'altezza del tronco). Percorrendo in lungo e in largo la Germania, non hanno contato gli alberi uno per uno, ma hanno compiuto misurazioni in 60 000 località diverse, misurando lunghezza e larghezza di 420 000 alberi e facendo stime più generali grazie anche a calcoli satellitari. È emerso che la Germania conta 90 miliardi di alberi, di cui quasi 8 miliardi hanno un diametro del tronco superiore ai sette centimetri.

Anche l'Inghilterra ha uno speciale rapporto con la natura, ma non tanto con i grandi spazi incontaminati quanto con i piccoli giardini curati. Gli inglesi amano tagliare l'erba, potare gli alberi, piantare i fiori, una passione coltivata tra gli altri da Miss Marple, il famoso personaggio di Agatha Christie. Nel centro di Londra, non appena esce il primo sole primaverile, le famiglie più benestanti che abitano nelle *mews* o nelle *squares* di Chelsea o di Kensington mangiano nel giardino condominiale, spesso al di là della strada, portando da casa sedie, tavolo e vettovaglie. Ma anche a Liverpool o Newcastle, a Manchester o Bath il giardino è il luogo della serenità e dello svago.

In Francia il rapporto è piuttosto con gli animali. In quanti altri paesi i cani sono autorizzati a entrare nei ristoranti, e siedono sotto al tavolo così silenziosi ed educati da far invidia a molti genitori? Non c'è uomo politico che non partecipi al Salon International de l'Agriculture, la fiera annuale dell'agricoltura. È l'occasione per farsi fotografare tra mucche, cavalli e maiali, e naturalmente con i *fermiers*, gli agricoltori, importanti elettori. Ogni anno, a margine della manifestazione, si tiene il Concours général agricole, una grande gara nazionale tra allevatori: negli anni vi partecipano più o meno 2000 animali di 120 razze diverse. I concorsi si ripetono a livello locale, in tante kermesse della provincia rurale.

E in Italia? La mia impressione è che gli italiani vivano il rapporto con la natura soprattutto attraverso i prodotti dell'agricoltura, di cui si loda più che altrove la freschezza. Le pubblicità in televisione mostrano un pomodoro, una fetta di prosciutto o un pezzo di formaggio come se fossero opere d'arte. Di un colore perfetto, di una forma esemplare, le immagini vogliono emanare sapori e odori. Insomma, la relazione italiana con l'ambiente passa soprattutto per i prodotti della terra e la gastronomia.

Esami di coscienza

In un film di Luigi Comencini del 1960, *Tutti a casa*, il tenente Alberto Innocenzi (impersonato da Alberto Sordi) deve affrontare con i suoi uomini l'8 settembre 1943 e il cambio repentino di alleanza dell'Italia durante la seconda guerra mondiale. I tedeschi diventano improvvisamente i nemici. In una scena del film, un soldato della Wehrmacht, evidentemente in fuga dal suo battaglione, si avvicina al plotone italiano con le braccia alzate, gridando con chiaro accento tedesco «Io pricioniero! Io pricioniero! Bitte, machen Sie mich pricioniero». Alberto Innocenzi lo respinge imbarazzato, ordinando ai suoi uomini di riprendere la marcia. Il soldato tedesco protesta e mentre il plotone è ormai avviato bofonchia arrabbiato in italiano: «Belli alleati...».

La scena dura poco più di un minuto, e può essere letta in vari modi e con molte sfumature. Chi dei due è più vigliacco? Il tedesco che si arrende dinanzi al nuovo nemico o l'italiano che si sfila davanti all'ex alleato? Difficile da dire. Mi concentrerò sull'atteggiamento del militare della Wehrmacht, che a modo suo, con due anni di anticipo, ammette la sconfitta del proprio paese. È ormai una ovvietà: pochi paesi hanno fatto i conti con il proprio passato come la Germania. La *Vergangenheitsbewältigung* continua a segnare il dibattito pubblico, a quasi ottant'anni dalla fine del conflitto e della dittatura nazista. A dire il vero, l'esame di coscienza non è stato privo di atteggiamenti ambigui e di ritrosie nazionali.

In un primo tempo, la Germania desiderò soprattutto voltare pagina e ricostruire il paese. Lo stesso fenomeno di resistenza al nazismo fu sminuito, se non addirittura pubblicamente criticato. Claus von Stauffenberg, il militare che attentò alla vita di Hitler il 20 luglio del 1944 nella Prussia orientale, non era ritenuto un eroe o un martire, ma piuttosto un traditore della patria. Nel 1946 il 40% dei tedeschi considerava il nazionalsocialismo una buona idea mal applicata. Sei anni dopo, la percentuale saliva al 52%. Dopo la guerra Konrad Adenauer, allora cancelliere, nominò suo consigliere Hans Globke, un giurista che negli anni trenta aveva contribuito alla redazione delle leggi razziali. Le prime ondate di amnistia giunsero tardi rispetto all'esperienza italiana, tra il 1952 e il 1954.

Il cambio di passo ebbe luogo verso la fine degli anni cinquanta. Nel 1958 fu creato a Ludwigsburg, una antica cittadina sede di guarnigioni militari nel Baden-Württemberg, l'Ufficio preposto alla ricerca dei criminali di guerra. Quando visitai il luogo nel 2010 scoprii un ex carcere femminile, con i cancelli di ferro, le mura spesse e le finestre piccole. L'allora responsabile si chiamava Kurt Schrimm, «un giurista, non uno storico», volle precisarmi. Il magistrato mi fece visitare l'archivio, che conteneva ai tempi i dati anagrafici di un milione e mezzo di persone. Il Zentrale Stelle der Landesjustizverwaltungen zur Aufklärung nationalsozialistischer Verbrechen – questo il nome tedesco dell'apposito ente – esiste tuttora, conta ventuno funzionari di cui sette sono magistrati o poliziotti e due sono interpreti dal russo e dal polacco.

Un momento cruciale fu il processo che si tenne a Francoforte dal 1963 al 1965 su iniziativa di un procuratore della Repubblica di religione ebraica, Fritz Bauer, esule in Scandinavia durante la guerra. La pubblicazione in tedesco di *Se questo è un uomo* di Primo Levi, nel 1961, aveva già contribuito a risvegliare le coscienze. Il processo si tenne nel quartiere di Gallus, alla periferia della città. Sul banco degli imputati vi erano soldati che avevano svolto servizio ad Auschwitz. A differenza di altri processi questo mise in scena il giudizio dei tedeschi nei confronti dei tedeschi: 20 mesi di dibattimento, 22 imputati, 360 testimoni di cui 211 sopravvissuti al lager. Dei 22 accusati, 17 furono condannati per l'uccisione di 15 209 persone a pene che andavano dalla prigione a vita ai tre anni e mezzo di reclusione. Ai tempi si discuteva di prescrizione; dopo tutto erano trascorsi vent'anni dalla fine della guerra. Il Bundestag modificò la legge e decise di far scattare i termini dal 1949, vale a dire dall'anno di nascita della Repubblica Federale, e non dal 1945, pur di facilitare l'«esame di coscienza» appena iniziato.

Il paese continua imperterrito ancora oggi a compiere un infinito esercizio di memoria. Alla fine degli anni novanta, un anziano corrispondente tedesco a Parigi, August von Kageneck, pubblicò un libro in francese, *Examen de conscience. «Nous étions vaincus, mais nous nous croyions innocents»*, in cui denunciò pubblicamente le stragi compiute dalla Wehrmacht (non dalle ss o dalla Gestapo), smentendo il luogo comune secondo cui l'esercito regolare aveva avuto dopotutto un comportamento dignitoso. L'uomo sapeva ciò di cui scriveva: aveva combattuto sul fronte orientale. Nel primo decennio di questo secolo le più grandi imprese tedesche hanno pubblicato dettagliati resoconti sul proprio ruolo durante il nazismo. La casa automobilistica Volkswagen ha ammesso lo sfruttamento di migliaia di uomini sottoposti ai lavori forzati; Allianz ha confessato di essere stata la compagnia assicurativa del partito nazionalsocialista e di altri enti nazisti; Dresdner Bank ha rivelato di avere custodito i conti bancari delle SS. Nel frattempo, nelle città tedesche, sono spuntati monumenti e statue per commemorare l'olocausto e non dimenticare il periodo nazista. Il grande memoriale dell'architetto americano Peter Eisenman, nei pressi della Porta di Brandeburgo a Berlino, è solo il più noto.

A 75 anni dalla fine della guerra, la Germania continua a battersi il petto con straordinaria costanza. Nel 2020, parlando in occasione delle annuali celebrazioni dedicate all'armistizio del 1945, l'attuale presidente della Repubblica Federale Frank Steinmeier, figlio del baby boom, ha spiegato:

> Questi decenni di lotta con la nostra storia sono stati decenni che hanno fatto maturare la democrazia in Germania. La lotta continua ancora oggi. Il ricordo non si cancellerà mai. Non può esserci liberazione dal nostro passato, perché senza memoria perdiamo il nostro futuro. È solo infatti perché noi tedeschi guardiamo il nostro passato in faccia, e perché accettiamo la nostra storica responsabilità, che i popoli del mondo sono tornati a fidarsi ancora una volta del nostro paese.

L'unico partito nel Bundestag che forse non partecipa all'esame di coscienza quotidiano è Alternative für Deutschland (Alternativa per la Germania), un movimento nato nel 2013 e che raggruppa euroscettici, xenofobi e nazionalisti dell'ultima ora. Più in generale, il paese ha subito una straordinaria metamorfosi, lasciandosi alle spalle l'autoritarismo del periodo guglielmino e la violenza dell'era hitleriana. D'altro canto, l'uccisione di milioni di ebrei è stata vissuta come un suicidio nazionale. Ne *Il viaggiatore*, un romanzo scritto negli anni trenta, andato perduto per molti decenni e ripubblicato per la prima volta nel 2018, Ulrich Alexander Boschwitz racconta le avventure di un ebreo tedesco che tenta disperatamente di scappare dal suo paese nel 1938. Percorre chilometri in treno, saltando da una stazione all'altra, ma senza riuscire ad attraversare il confine: non tanto perché non lo possa fare quanto perché non lo vuole fare.

In fondo questa trama kafkiana è una metafora di come gli ebrei si sentissero profondamente tedeschi, di come la comunità ebraica fosse, prima dell'ultima guerra, un tutt'uno con la società tedesca. Quanto deve la Germania ai letterati Heinrich Heine, Ludwig Börne, Stefan Zweig, o agli scienziati Paul Ehrlich, Albert Einstein e Fritz Haber, o ancora agli uomini d'affari Emil Rathenau, Gerson Bleichröder e Abraham Oppenheim? Lo storico americano Gordon A. Craig ha descritto «la straordinaria rassomiglianza» tra tedeschi ed ebrei, riscontrabile in particolare in una comune tendenza alla perseveranza, all'operosità, alla parsimonia, alla meditazione astratta. Un giorno, riferendosi al viso «dai tratti ebraici», un gentile chiese in modo altezzoso a Walther Rathenau, ministro degli Esteri negli anni venti, da quanto tempo risiedesse a Berlino: «Da quasi sette generazioni», fu la laconica risposta.

E l'Italia? Naturalmente la responsabilità italiana nella seconda guerra mondiale è di tutt'altra natura, ma il paese dopotutto partecipò al conflitto a fianco dell'aggressore tedesco, fece proprie le leggi razziali e perpetrò enormi stragi in Africa e nei Balcani. Eppure l'esame di coscienza è terminato da molto tempo, se mai vi è stato. Il film *La vita è bella* di Roberto Benigni, uscito nel 1997, suscitò un accenno di discussione, ma nei fatti ha prevalso l'autoassoluzione nazionale. La caduta di Benito Mussolini nel 1943, il cambio di fronte del maresciallo Badoglio e la guerra civile che insanguinò il paese in quegli anni hanno sfumato – per così dire – le responsabilità collettive e facilitato l'emergere di una bugia nazionale secondo cui «l'Italia non è la Germania», e il paese sollevandosi contro il fascismo ha recuperato una nuova verginità. Ancora oggi nelle città e nei paesi italiani le targhe ricordano la rivolta contro «l'oppressore nazifascista».

L'establishment fu rapido a voltare pagina. Lo stesso Palmiro Togliatti promosse l'amnistia generalizzata già nel 1946. Mentre in Germania, nel discorso pubblico, Adolf Hitler non può che essere un dato di fatto, una creatura della storia nazionale, in Italia Benito Mussolini appare per lo più un incidente di percorso, un leader di pochi, un errore di alcuni. Mentre in Germania la *Vergangenheitsbewältigung* è un esercizio nazionale, in Italia è tutt'al più un'arma politica da utilizzare contro l'avversario, l'ennesimo segnale di una vita pubblica litigiosa, volgare e superficiale. Può un paese vivere senza fare un proprio esame di coscienza? Certo, ma probabilmente ne paga le conseguenze. Quali sono le priorità politiche, le doti morali, le qualità personali di un establishment che abbandona la storia alle dichiarazioni retoriche, o peggio al confronto partigiano, coltivando indirettamente una menzogna nazionale? La Germania è l'esempio vivente di come una autoanalisi nazionale sia possibile e soprattutto utile.

Il liberalismo

Sempre Tacito, nel suo volume sulla Germania, mette l'accento sul sentimento di libertà dei germani. In fondo è l'aspetto che più attira il letterato romano. Nel suo racconto etnico-geografico, l'autore non può fare a meno di mettere a confronto la vitalità barbara e la decadenza romana, notando una affinità tra il presente germanico e il passato romano: «La libertà dei Germani è più resistente del dispotismo degli Arsacidi», scrive riferendosi a una popolazione armena.

Sono passati troppi secoli per valutare il senso della libertà dei tedeschi con gli occhi di Tacito. Tuttavia, è innegabile che vi sia nella società tedesca una vena liberale, più forte e radicata che in Italia, dove il liberalismo politico ed economico è stato schiacciato dai movimenti di massa di matrice cattolica, comunista o socialista, in una società familistica e clientelare nella quale la lealtà al clan è più importante dell'iniziativa personale. La Germania rifugge dall'anarchia, una forma politica difficilmente proponibile in una società che non può fare a meno di un qualche tipo di ordine, ma tende a essere liberista (riferendosi all'assenza di limite di velocità su alcuni tratti delle autostrade tedesche, gli inglesi amano dire che in Germania è più importante il *free speed* del *free speech*).

In fondo, il liberalismo è stato il primo grande movimento politico tedesco. Vi hanno contribuito la tradizione illuministica, la rivoluzione francese e il confronto preunitario tra principati indipendenti ma riformatori. Il Granducato di Baden si dotò di una costituzione fin dal 1818. La Paulskirche di Francoforte è diventata oggi un museo dopo che nel 1848 ospitò la prima assemblea nazionale tedesca di deputati democraticamente eletti. I liberali vinsero le elezioni in Prussia nel 1858, nel 1861, nel 1862 e nel 1865. Successivamente, il movimento si indebolì con l'arrivo sulla scena politica di Otto von Bismarck, anche se il liberalismo economico ha certamente influenzato la rivoluzione industriale, il *Gründerzeit*, di fine Ottocento. I liberali hanno quindi continuato ad avere un ruolo importante, se non decisivo, nella politica tedesca, prima e dopo l'ultimo conflitto. Per decenni dopo il 1945 il Freie Demokratische Partei (Partito liberale democratico) è stato il *Pendlerpartei*, il partito pendolo che ha permesso ai socialdemocratici o ai democristiani, a seconda dei casi, di formare un governo. Ancora oggi siedono nel gruppo liberale al Parlamento europeo sette deputati tedeschi e un solo parlamentare italiano.

Guardata con il grandangolo, la storia tedesca di quest'ultimo secolo e mezzo rivela un paese alla difficile ricerca di un punto di equilibrio. Il regime guglielmino nacque autoritario anche in risposta alle rivoluzioni liberali del 1848. La Repubblica di Weimar è una reazione in senso liberale all'autoritarismo del Secondo Reich. Lo stesso periodo nazista è stato una risposta all'eccesso di libertà degli anni venti. Curiosamente, tuttavia, il nazismo seduceva perché offriva a molti l'illusione di una maggiore libertà. Interrogando i tedeschi subito dopo la guerra per un libro intitolato *They Thought They Were Free*, uscito poi nel 1955, il giornalista americano Milton Mayer scoprì che gli intervistati si sentivano liberi dalle sanzioni imposte alla Germania dopo la grande guerra: liberi dalla presunta oppressione di un altrettanto presunto complotto giudaico-comunista-massonico; liberi da una Repubblica di Weimar ritenuta corrotta e inefficiente; liberi da un mondo intellettuale lontano dalla *kleine Leute*. Liberi in un contesto velleitario di autarchia economica. Il ritorno della democrazia sembra avere dato una stabilità durevole al pendolo tedesco. La stessa *Soziale Marktwirtschaft* (economia sociale di mercato), voluta da Ludwig Erhard negli anni cinquanta, tenta di trovare il giusto compromesso tra ordine e libertà, tra stato e mercato. In ultima analisi, nello storico tentativo di conciliare i due grandi principi della Rivoluzione francese, la Germania avrà sempre un occhio di riguardo per la libertà individuale più che per l'eguaglianza sociale.

È probabile che, risalendo nei secoli, la stessa Riforma protestante abbia avuto un ruolo determinante nel radicare un moderno spirito liberale in Germania. Le rivolte popolari del Cinquecento, raccontate da Friedrich Engels ne *La guerra dei contadini in Germania*, erano guidate da un pastore protestante: Thomas Müntzer. Più in generale, Martin Lutero sancì il rigetto del papato cattolico, e soprattutto abolì l'obbligo della confessione. Il rapporto del fedele con Dio non è mediato dall'autorità di un sacerdote o di un pastore. Il protestantesimo appare tanto dettagliato sul piano dottrinale quanto i suoi templi sono disadorni, a differenza di un cattolicesimo tanto accomodante quanto barocco, ma è curiosamente animato da una vena liberale non solo perché nasce da uno scisma, ma anche perché responsabilizza l'individuo nel suo rapporto con Dio, fino a concedere per esempio al pastore di sposarsi e di formare una famiglia. Nell'analizzare la società americana di inizio Ottocento, nella *Democrazia in America* Alexis de Tocqueville sostiene che i cattolici sono più egualitari dei protestanti, i quali invece privilegiano la libertà individuale rispetto all'eguaglianza sociale.

Anche l'epidemia di questi mesi ha mostrato un volto particolare del sentimento liberale tedesco. Nella primavera del 2020, la crisi sanitaria ha provocato in Germania un movimento sociale contrario all'uso della mascherina, che le autorità pubbliche hanno spesso assecondato. Così come nel Michigan alcuni americani armati di pistole e fucili sono entrati nel parlamento statale di Lansing, a Berlino manifestanti violenti hanno tentato di attaccare il Bundestag. Lo stesso fenomeno è emerso in altri paesi del Nord Europa che appartengono alla grande famiglia anglosassone, dove il protestantesimo ha imposto tra le altre cose una forma di darwinismo sociale e un senso di fatalismo dominante. A Londra il primo ministro Boris Johnson, parlando alla Camera dei Comuni nel settembre del 2020, attribuì il numero elevato di contagi nel Regno Unito a «un paese che ama la libertà». Aggiunse di essere «profondamente, genuinamente riluttante ad adottare imposizioni, o a limitare la libertà di ciascuno». E ancora: «Praticamente tutti i progressi, dalla libertà di parola alla democrazia, sono nati in questo paese», la Gran Bretagna. La stessa Olanda è nota per essere un paese individualista, liberale, quasi libertario. Secondo lo studioso olandese Geert Mak, l'atteggiamento olandese è la conseguenza di uno spirito mercantilista associato alla religione calvinista. Dopotutto, *Je maintiendrai* è il motto del paese. Quando Descartes scelse di emigrare in Olanda, disse che ad Amsterdam aveva trovato «una purezza dell'aria utile alla produzione dello spirito». Intendeva riferirsi allo spirito tollerante del paese. Lo stesso che prevale in Svezia, dove il governo ha cavalcato esplicitamente l'idea dell'immunità collettiva.

Influenze reciproche

Questo breve trattato di psicologia tedesca ha tentato di mostrare alcune delle differenze con il mondo latino. Ne emerge una società attraversata da una incredibile vena di candore. Lo stesso dogmatismo che segna le scelte tedesche e regolamenta l'ordine è raramente opaco od opportunista. Piuttosto è, a modo suo, straordinariamente ingenuo. Ammoniva nel 1789 il poeta e organista Christian Schubart: «Guai a quel paese dove l'arguzia vale più della ragione». Là dove l'italiano è sovente sornione, scaltro e cinico, il tedesco sarà più spesso candido, spontaneo e anche generoso – si calcola che le donazioni private a enti di beneficenza o associazioni di volontariato ammontino ogni anno fra i tre e i sei miliardi di euro.

Eppure, in questi anni di costruzione comunitaria, i due paesi si sono influenzati a vicenda come non mai, smentendo il pregiudizio che siano destinati a non capirsi. La moneta unica ha provocato dissensi e dissapori, dalle conseguenze ancora non facili da prevedere, ma ha anche gettato le basi per una integrazione non solo economica ma anche culturale e sociale. A modo loro i tedeschi si sono *spaghettizzati*, come scrisse ormai due decenni fa un quotidiano locale (*Spaghettisiert euch!*). In un primo momento, l'espressione era utilizzata per descrivere con malcelata vergogna l'instabilità politica del cancellierato di Gerhard Schröder, o anche l'imbarazzante disorganizzazione ferroviaria. Oltre a subire ritardi inattesi, ai treni capita anche di mancare una fermata, come è successo nel settembre del 2020 a un ICE – un treno ad alta velocità – che non si è fermato nella stazione di Ludwigslust, nel Meclemburgo. Poi, però, molti osservatori si sono resi conto che l'influenza italiana non è solo negativa. Ne è un esempio la gastronomia.

Al pari degli Stati Uniti o del Brasile, la ristorazione tedesca ha assorbito tradizioni e abitudini straniere, mescolando i generi con straordinaria inventiva. In un volume del 2006 intitolato *Das Beste an Deutschland*, tra «le 250 ragioni per amare il paese» c'era anche «la cucina multiculturale». Il riferimento non era soltanto alle specialità turche o cinesi. Fino a poco tempo fa i tedeschi mangiavano un piatto di pasta solo al ristorante, quando la famiglia la domenica si recava religiosamente all'immancabile trattoria italiana dietro l'angolo. Oggi non è più così: ormai i tedeschi cucinano la pasta a casa, tanto che i supermercati sono ricchi di prodotti italiani, dalla mozzarella fresca al pesto genovese ai panettoni milanesi. Vent'anni fa i supermercati in Germania vendevano solo acqua frizzante, quella naturale si trovava nei negozi di *Delikatessen*. Fa sorridere scoprire che sono tedesche due catene di ristorazione ispirate alla cucina italiana: i caffè Einstein e le pizzerie Vapiano. D'altro canto tuttora a Ratisbona, in Baviera, amano ricordare che in città, nel Quattrocento, erano più numerosi i produttori di vino di quelli di birra.

Nello stesso modo anche l'attenzione, tutta italiana, alla moda ha messo radici. Il panorama non offre più soltanto Hugo Boss, che ai tempi del nazismo fabbricava le uniformi del regime, ma anche Jil Sander, Philipp Plein, Bernhard Willhelm e Klaus Unrath. Il cambiamento sociale e culturale è interessante. Vi hanno contribuito i soggiorni di molti tedeschi in Italia, la pubblicità in televisione, la presenza di un'estesa comunità italiana e più in generale un'Europa sempre più integrata. Secondo le statistiche dell'Ente nazionale italiano del turismo (ENIT), negli ultimi dieci anni, tra il 2008 e il 2018, il numero di turisti tedeschi in Italia è aumentato di oltre il 30%. Qualche anno fa i deputati tedeschi che sceglievano di passare le vacanze tra Siena, Firenze e Arezzo erano talmente numerosi da essere raggruppati nell'immaginazione della stampa in un nuovo gruppo parlamentare: la *Toskana-Fraktion*. Una mostra che si tenne a Norimberga nel 2006, intitolata *Was ist deutsch*, sottolineò, più in generale, una progressiva *Italianisierung des Alltags*, una italianizzazione del quotidiano. Una parte consistente del catalogo pubblicato in quella occasione era dedicata al vicino del sud.

Viceversa, anche l'Italia è stata oggetto di una qualche forma di germanizzazione, quasi che il paese, o almeno una parte di esso, si sia ricordato di essere appartenuto in passato alla grande *deutsche Nation* (come in Germania viene chiamato il Sacro Romano Impero). L'annosa questione dell'elevato debito pubblico è lontana dall'essere risolta, ma è diventata acceso argomento di dibattito pubblico. In assenza delle regole comunitarie volute da Berlino, l'indebitamento italiano sarebbe probabilmente assai più elevato di quanto già non sia. Più in generale, il paese nel suo insieme è diventato più sensibile alle grandi variabili dell'economia: l'inflazione, la spesa pubblica, gli sprechi. Fornitrice dell'industria tedesca, l'Italia manifatturiera ha dovuto fare propri almeno in parte gli usi e costumi del suo più importante partner economico. Nel contempo, il paese non è certo diventato un esempio di ordine ed efficienza, ma a chi attribuire, se non al vicino tedesco, la scelta di segnalare sui binari la posizione delle carrozze dei treni per meglio organizzare fermate e coincidenze? La tendenza crescente a fare la raccolta differenziata e il riciclo dei rifiuti, così come la nascita di una industria dell'ambiente? O anche l'abitudine di ordinare le file nei negozi o negli uffici attribuendo un numero a ogni visitatore?

A costo di avere una visione romantica del rapporto italotedesco si può sostenere che la stessa integrazione europea ha riportato in auge una relazione con alle spalle venti secoli di storia, e che dopotutto risale alla battaglia di Teutoburgo e alla vittoria di Arminio contro i romani. Sono rapporti, quelli italotedeschi, assai più complessi e inscindibili di quelli tra la Germania e la Francia. Federico Barbarossa è al tempo stesso un eroe nazionale per i tedeschi e un invasore sanguinario per gli italiani. Nello stesso modo in cui Colonia è orgogliosa delle sue origini romane e la Baviera ama ricordare che il *limes* era la sua frontiera settentrionale, Milano celebra la sua eredità asburgica e la Sicilia va fiera dei suoi monumenti normanni. L'aristocrazia lombarda e veneta ha tuttora fortissimi legami con quella viennese. Peraltro la stessa unità italiana non sarebbe stata possibile senza il sostegno di Otto von Bismarck. Scrisse il cancelliere nel 1862 all'allora ministro degli Esteri del Regno di Prussia Albrecht von Bernstorff: «È mia convinzione che dovremmo inventare noi il Regno d'Italia, se non fosse già sorto per conto suo».

Non so se le «attaches du cœur» di cui parlava nel 1870 il diplomatico Alberto Blanc caratterizzino ormai i rapporti italotedeschi. Certo, paradossalmente gli ultimi vent'anni hanno segnato non un allontanamento, ma un avvicinamento tra i due paesi. In fondo l'integrazione europea ha fatto bene sia alla Germania che all'Italia: essa non è una minaccia alla sovranità nazionale, come alcuni politici sui due lati delle Alpi amano sostenere; è una indispensabile assicurazione sul futuro. Vale ancora quanto disse negli anni quaranta Nicolò Carandini, ambasciatore italiano a Londra: «La Germania sia una necessità europea e l'Europa una necessità italiana».

Certamente è chiedere troppo agli italiani di fare propria la dedizione all'ordine tutta tedesca, ma a modo suo nei primi vent'anni di moneta unica l'Italia ha iniziato un lungo, lunghissimo cammino per appropriarsi di almeno alcune delle *deutsche Tugenden*, delle virtù tedesche, magari grazie anche alle migliaia di giovani italiani che ogni anno scelgono di studiare in Germania nel quadro del programma universitario Erasmus. Viceversa, ed è un auspicio, i tedeschi non sono più forse come li descrisse con straordinaria sincerità Goethe nel 1795 in *Wilhelm Meister*: «Diventano pesanti su tutto, tutto su di loro diviene pesante».

Tre proposte conclusive

Gli autori di questo libro hanno voluto evitare la tendenza a presentare l'intesa italotedesca come aprioristicamente necessaria sulla base di alcuni principi ideali. Non che questi principi non esistano, ma si tratta di un ragionamento inefficace, soprattutto in un momento così difficile come quello attuale, in cui visioni stereotipate e false rappresentazioni ottengono attenzione e credito immeritato.

Più interessante ci è parso riscoprire un'identità che, se non è comune, è quanto meno condivisa, partendo dagli aspetti concreti del rapporto italotedesco: sinergie e prospettive economiche, comuni interessi politici sia a livello bilaterale che in ambito europeo. Tutto questo senza negare, anzi mettendole alla luce del sole, evidenti diversità culturali.

Questo libro intende quindi proporre tre raccomandazioni per promuovere ulteriormente il rapporto italotedesco.

La prima raccomandazione riguarda l'investimento nei luoghi del dialogo. La rete di soggetti, pubblici e privati, nati per animare il dialogo tra i due paesi risente ormai dell'età. Sia le istituzioni culturali che quelle politiche appaiono legate a modelli del passato che non rispecchiano le dinamiche attuali. Bisogna ricreare quei luoghi di dialogo, funzionali non solo a creare sinergie ma anche a smussare gli angoli e a far detonare in sicurezza crisi e contrasti.

La seconda raccomandazione è alla politica, intesa come mondo dei partiti e dei sindacati, affinché la smettano di utilizzare strumentalmente lo spauracchio della Germania per racimolare facili consensi sul piano interno. Qui non si vuole invocare la costituzione di un trasversale «partito tedesco», anche perché iniziative di questo tipo sono sempre culminate in sonori fallimenti. No, quello che si suggerisce alle forze politiche è un bagno di realtà, che le porti a ragionare tenendo conto dei tanti interessi che legano l'Italia alla Germania. In questo modo anche le posizioni di critica verso Berlino avranno un fondamento maggiore e verranno ascoltate e riconosciute come degne di attenzione.

L'ultima raccomandazione è al lettore e consiste nell'invito a interessarsi al mondo tedesco. La Germania continua a rappresentare un polo di attrazione per molti italiani, soprattutto giovani, attratti da un'economia dinamica e dalla possibilità di un futuro migliore: dal 2008 la tendenza migratoria ha ripreso in misura robusta e ha riportato l'emigrazione italiana ai livelli degli anni settanta. Si tratta di un fenomeno molto diverso e che si inquadra all'interno del più ampio fenomeno della mobilità intra europea. Il nostro auspicio è di non guardare alla Germania solo come a un approdo per un futuro migliore, ma anche come a un'occasione di apprendimento culturale.

Letture consigliate

1. *I rapporti economici italotedeschi: percezione e realtà*

Accetturo, A. e Giunta, A., *Value chains and the great recession. Evidence from Italian and German firms*, «Questioni di Economia e Finanza», 304, 2016.

Camera di Commercio Italo-Germanica, *Aziende tedesche in Emilia-Romagna. Investimenti, sviluppi e performance*, 2017: www.confind.emr.it/sites/default/files/news/aziende_tedesche_in_emilia-romagna_investimenti_sviluppi_e_performance.pdf.

Camera di Commercio Italo-Germanica, *Rapporto annuale 2019*: www.ahk-italien.it/it/pubblicazioni/rapporti-annuali.

Castronovo, V., *La sindrome tedesca. Europa 1989-2014*, Laterza, Roma-Bari 2014.

Ferrara, F., *Il germanesimo economico in Italia* (1874), in Id., *Opere Complete* 10. *Saggi, rassegne, memorie economiche e finanziarie*, a cura di F. Caffè, Bancaria, Roma 1972.

Guelpa, F. e Trenti, S., *Il valore delle aziende tedesche in Italia*, Direzione Studi e Ricerche Intesa San Paolo, 2019.

ICE-ISTAT, *Commercio estero e attività internazionali delle imprese. Annuario 2020*: www.annuarioistatice.it/contenuti/Guida_alla_lettura.pdf.

Mutinelli, M., *Gli investimenti diretti italiani in Germania e tedeschi in Italia*, Litogì, Milano 2011.

Negri, V., *Italia e Germania. Non solo competizione ma anche cooperazione*, Centro Studi Assolombarda, Milano 2020.
Rieder, M., *Deutsch-italienische Wirtschaftsbeziehungen. Kontinuitäten und Brüche 1936-1957*, Campus, Frankfurt am Main 2003.

2. *L'alleato silenzioso*

Croce, B., *Il dissidio spirituale della Germania con l'Europa*, Laterza, Bari 1944.
D'Ottavio, G., *Germany and Italy. The «Odd Couple» at the Heart of Europe*, in «Contemporary Italian Politics», 10, 1, 2018, pp. 14-35.
Hanshew, K., *Cohesive Difference. Germans and Italians in a Postwar Europe*, in «Central European History», 52, 1, 2019, pp. 65-86.
Olmastroni, F. e Pellegata, A., *Members Apart. A Mass-Elite Comparison of Mutual Perceptions and Support for the European Union in Germany and Italy*, in «Contemporary Italian Politics», 10, 1, 2018, pp. 56-75.
Pasquinucci, D. e Verzichelli, L. (a cura di), *Contro l'Europa? I diversi scetticismi verso l'integrazione europea*, il Mulino, Bologna 2016.
Piattoni, S., Verzichelli, L. e Wagemann, C., *Amici come prima? Italy and Germany in times of crisis*, in «Contemporary Italian Politics», 10, 1, 2018, pp. 4-13.
Rusconi, G.E., Schlemmer, T. e Woller, H. (a cura di), *Estraniazione strisciante tra Italia e Germania?*, il Mulino, Bologna 2008.
Scoppola, P., *La repubblica dei partiti. Evoluzione e crisi di un sistema politico: 1945-1996*, il Mulino, Bologna 1991.
Tokarski, P., *Divergence and Diversity in the Euro Area. The Case of Germany, France and Italy*, in «SWP Research Paper», 6, 2019.
Triola, F., *L'alleato naturale. I rapporti tra Italia e Germania occidentale dopo la seconda guerra mondiale (1945-1955)*, Mondadori, Milano 2017.

3. *Breve trattato di psicologia tedesca*

AA.VV., *Dictionnaire du monde germanique*, a cura di E. Décultot, M. Espagne e J. Le Rider, Bayard, Paris 2007.
AA.VV., *Italia, Germania e l'unità europea. Riflessioni a trent'anni dalla caduta del Muro di Berlino*, a cura di C. Liermann Traniello, U. Villani-Lubelli e M. Scotto, Franz Steiner, Stuttgart 2019.
Adenauer, K., *Erinnerungen*, DVA, München 1965-1967, 3 voll.
Autore anonimo, *I tedeschi nella vita moderna, osservati da un italiano*, Fratelli Treves Editori, Milano 1907.
Balzano, M., *Le parole sono importanti. Dove nascono e cosa raccontano*, Einaudi, Torino 2019.
Boschwitz, U.A., *Il viaggiatore*, trad. it. di M. Pugliano e V. Tortelli, Rizzoli, Milano 2020.
Chabod, F., *Storia della politica estera italiana dal 1870 al 1896*, Laterza, Roma-Bari 1997.
Craig, G., *Storia della Germania 1866-1945*, trad. it. di O. Merola Algranati, Editori Riuniti, Roma 1983.
Gaulle, C. de, *La discorde chez l'ennemi*, Berger-Levrault, Boulogne-Billancourt 1924.
Goethe, J. W. von, *Viaggio in Italia*, trad. it. di E. Zaniboni, BUR, Milano 1991.
– *Faust*, a cura di F. Fortini, Mondadori, Milano 2016.
– *Wilhelm Meister. Gli anni dell'apprendistato*, trad. it. di Anita Rho ed E. Castellani, Adelphi, Milano 2006.
Elon, A., *The Pity of It All. A Portrait of the German-Jewish Epoch, 1743-1933*, Picador, New York 2002.
Engels, F., *La guerra dei contadini in Germania*, Pgreco, Milano 2014.
Flaubert, G., *Dictionnaire des idées reçues*, Conard, Paris 1913.
Fontane, T., *Gedichte*, Insel, Frankfurt am Main-Leipzig 1998.
– *Wanderungen durch die Mark Brandenburg*, Aufbau, Berlin 2007.

Grass, G., *Il passo del gambero*, trad. it. di C. Groff, Einaudi, Torino 2004.

Hoffmann, H., *Pierino Porcospino*, trad. it. di G. Negri, Salani, Firenze 1995.

Huber, F., *Kind, versprich mir, dass du dich erschiesst. Der Untergang der kleinen Leute 1945*, Piper, München 2016.

Kageneck, A. von, *Examen de conscience. «Nous étions vaincus, mais nous nous croyions innocents»*, Perrin, Paris 2004.

Kästner, E., *Emilio e i detective*, trad. it. di L. Mazzucchetti, Mondadori, Milano 1991.

Kierkegaard, S., *Il concetto dell'angoscia*, a cura di C. Fabro, SE, Milano 2007.

Langenscheidt, F., *Das Beste an Deutschland. 250 Gründe, unser Land heute zu lieben*, Springer Gabler, Wiesbaden 2006.

Márai, S., *Confessioni di un borghese*, trad. it. di M. D'Alessandro, Adelphi, Milano 2003

Mayer, M., *They Thought They Were Free. The Germans: 1933-1945*, University of Chicago Press, Chicago 1955.

Papen, F. von, *Memoirs*, Andre Deutsch, London 1952.

Patino, B., *La civilisation du poisson rouge. Petit traité sur le marché de l'attention*, Grasset, Paris 2019.

Piovene, G., *Viaggio in Italia*, Bompiani, Milano 2017.

Pirenne, H., *Storia d'Europa dalle invasioni al XVI secolo*, trad. it. di C.M. Carbone, Newton Compton, Roma 2017.

Staël, G. de, *De l'Allemagne*, Flammarion, Paris 1993.

Szpilman, W., *Il pianista. Varsavia 1939-1945. La straordinaria storia di un sopravvissuto*, Mondadori, Milano 2004.

Tacito, P.C., *Germania*, a cura di E. Risari, Mondadori, Milano 2019.

Tocqueville, A. de, *La democrazia in America*, trad. it. di G. Candeloro, BUR, Milano 1996.

Wieder, J., *Vom deutschen Italienerlebnis. Ein Beitrag zur Kulturgeschichte der Italienreisen*, in «Nisus in librorum nitore. Werner Goebel zum 65 Geburstag», a cura di M. Leonhard, UNI-Druck, München 1980.

Wohlleben P., *La vita segreta degli alberi. Cosa mangiano. Quando dormono e parlano. Come si riproducono. Perché si ammalano e come guariscono*, trad. it. di P. Barberis e S. Nerini, Macro, Cesena 2020.

Temi

Vittorio V. Alberti

Non è un paese per laici

Onestà intellettuale e politica per l'Italia della crisi

In quali condizioni si trova, in Italia, il libero pensiero, quindi l'atteggiamento intellettuale laico? È la domanda dalla quale trae spunto il pamphlet polemico del filosofo Vittorio Alberti. Politica senza ideali, sfiducia nel futuro, comunicazione mediocre, qualità soffocata, idee stantie, sono questi i problemi che assillano e indeboliscono la laicità nel nostro paese.
L'Italia in crisi ha bisogno di idee nuove, e per denunciare la nostra assenza di laicità Alberti individua come peccato originale un episodio e uno scenario. Il primo è l'appello contro il commissario Luigi Calabresi, firmato nel 1971 da ottocento intellettuali; il secondo riguarda i conti rimasti ancora aperti con la caduta del Muro di Berlino. Esempi entrambi del modo, molto italiano, di mancanza di «libero pensiero».
Dalla politica alla società – spiega Alberti – la comunicazione minaccia i pensatori liberi e mette a dura prova il ruolo, quanto mai defilato, degli intellettuali. Perché la laicità è tale solo quando non è faziosa, non spaccia l'interesse di parte per verità, si tiene alla larga dal pregiudizio ed è coraggiosa, inquieta, sempre interrogativa e più che dare risposte allarga il ventaglio delle domande.
Non è un paese per laici propone un nuovo modo di pensare che sia al passo con la storia e motivi anche in Italia una rinnovata coscienza democratica che ponga al centro dell'azione culturale – superando schemi antiquati e clericalismi non solo religiosi – la migliore intelligenza del nostro umanesimo.

Bollati Boringhieri

Temi

Victor Serge

La Rivoluzione russa

a cura di David Bidussa

Tra quanti parteciparono attivamente alla Rivoluzione russa del 1917, Victor Serge è sicuramente uno degli osservatori più acuti e critici. Scampato alle purghe degli anni trenta, rifugiatosi in Francia, Serge si impegna a lungo nella denuncia del «tradimento» della Rivoluzione operato da Stalin, ma non smette di ragionare anche sui propri errori, o meglio sugli errori dell'intero movimento rivoluzionario russo, di cui anche lui aveva fatto parte. Non rinnega la rivoluzione, ma ne percepisce col tempo i limiti e ne analizza con rigore la storia, mutando il suo pensiero su molti punti.
Questo volume propone due momenti centrali dell'analisi di Victor Serge: il primo (*La Rivoluzione russa*), del 1938, viene scritto quando Serge è da poco arrivato a Parigi, proveniente dalla prigionia siberiana; il secondo (*Trent'anni dopo la Rivoluzione russa*), viene scritto nel 1947, a pochi mesi dalla morte, nell'esilio di Città del Messico. Come nota David Bidussa nella prefazione, si tratta di due scritti che rappresentano «l'alfa e l'omega» dell'ultima stagione pubblica di Victor Serge. Sopra ogni cosa aleggia il concetto di totalitarismo e il tradimento di un'idea: a trent'anni dai fatti rivoluzionari, degli ideali che avevano animato le piazze non resta niente. Tutto viene messo in discussione e non resta che ripartire su nuove basi, prendendo le distanze dal passato.

Bollati Boringhieri